Heinz Robert Schlette
»Der Sinn der Geschichte von morgen«

Heinz Robert Schlette

»DER SINN DER GESCHICHTE VON MORGEN«

Albert Camus' Hoffnung

VERLAG JOSEF KNECHT · FRANKFURT AM MAIN

Die Deutsche Bibliothek – CIP-Einheitsaufnahme

Schlette, Heinz Robert:
»Der Sinn der Geschichte von morgen« : Albert Camus'
Hoffnung / Heinz Robert Schlette. – Frankfurt am Main :
Knecht, 1995
ISBN 3-7820-0721-2

1. Auflage 1995. Alle Rechte vorbehalten. Printed in Germany.
© 1995 by Verlag Josef Knecht – Carolusdruckerei GmbH,
Frankfurt am Main
Satz: Druckerei Wagner, Nördlingen
Druck und Bindung: Wiesbadener Graphische Betriebe, Wiesbaden
⊗ Gedruckt auf alterungsbeständigem Papier
ISBN 3-7820-0721-2

Inhalt

Im Gedenken

an

Ludwig Kaufmann (1918–1991)

und

Heinrich Lutz (1922–1986)

Vorwort

Wie in dem Nachwort des Bandes »Konkrete Humanität. Studien zur Praktischen Philosophie und Religionsphilosophie« (hrsg. v. Johannes Brosseder, Nikolaus Klein und Erika Weinzierl) angekündigt (S. 473), werden hier mehrere Vorträge und Aufsätze zu Albert Camus vorgelegt. Ich verstehe diese Arbeiten aus den Jahren 1984–1994 als differenzierende Entfaltung und sachliche Ergänzung meines 1980 im Alber Verlag, Freiburg/München, erschienenen Buches »Albert Camus: Welt und Revolte«.

Die Anordnung der hier zusammengestellten Texte ist nicht chronologisch erfolgt, sondern so, wie sie sich für eine kontinuierliche Lektüre zu empfehlen schien. Da es andererseits möglich ist, die einzelnen Beiträge je für sich zu lesen, habe ich Überschneidungen in Kauf genommen; auch erhalten manche Zitationen unter wechselnder Perspektive eine andere Sinn-Nuance.

Gegenüber den Erstfassungen wurden nur geringfügige, zumeist stilistische Änderungen vorgenommen. Einigen Texten habe ich kurze »Nachträge« hinzugefügt. Von den vorliegenden Übersetzungen bin ich gelegentlich abgewichen.

Sehr zu danken habe ich Herrn Knut Wenzel (Regensburg) für ermutigende, wertvolle Ratschläge, meinem Mitarbeiter, Herrn Mag. Klaus-Peter Pfeiffer, für seine umsichtige Unterstützung, Frau cand. phil. Claudia Falk für das Mitlesen der Korrekturen und Frau Margot Trojahn, die als Sekretärin des »Seminars für Philosophie« an der Universität Bonn die Texte mit viel Geduld und Aufmerksamkeit geschrieben hat. Dem Verlag »Die Blaue Eule« (Essen) danke ich für die Erlaubnis der erneuten Veröffentlichung des Beitrags II (s. unten S. 29–56). – Last not least möchte ich meiner Frau für zahlreiche wichtige Hinweise und Anregungen sehr herzlich danken.

Heinz Robert Schlette

9

Einleitung

> »L'ignorance reconnue, le refus du fanatisme, les
> bornes du monde et de l'homme, le visage aimé, la
> beauté enfin, voici le camp où nous rejoindrons les
> Grecs. D'une certaine manière, le sens de l'histoire
> de demain n'est pas celui qu'on croit. Il est dans la
> lutte entre les artistes et les conquérants, la créa-
> tion et l'inquisition.«
>
> *L'Exil d'Hélène*

Nicht erst seit der Veröffentlichung des Roman-Fragments »Le Premier Homme« im April 1994[1] läßt sich ein erneuertes Interesse an Camus beobachten. Zwar hat es an Aufmerksamkeit für sein Werk bereits zu seinen Lebzeiten und in den folgenden Jahrzehnten niemals gefehlt, doch spricht manches dafür, daß man sich seit wenigen Jahren innerhalb der intellektuellen Öffentlichkeit in besonderer Weise Camus zugewandt hat. Bezeichnende Beispiele hierfür sind die Vorlage eines zweiten Camus-Heftes der Zeitschrift »Magazine Littéraire« im April 1990 (N° 276) – nach dem ersten (N° 67) im Jahre 1972 – aus Anlaß seines dreißigsten Todestags, die Publikation einer Camus gewidmeten, vorzüglich ausgestatteten Nummer der Schweizer Kulturzeitschrift »du« (Juni 1992) unter dem Titel »Wiederbegegnung mit Albert Camus« und das Camus-Dossier in »Le Nouvel Observateur« vom 9.–15. Juni 1994 (N° 1544), auf dessen Titelseite zu lesen ist: »Le triomphe de Camus«, während der Hauptaufsatz von einem hervorragenden Sachkenner wie Jeanyves Guérin den Titel trägt: »La revanche d'Albert Camus«. Auch in dem Heft Nr. 320 des »Magazine Littéraire« vom April 1994 mit dem Thema »L'existen-

---

[1] Als Band 7 der Reihe »Cahiers Albert Camus«, hrsg. v. Catherine Camus. Paris (Gallimard); deutsch: Reinbek 1995.

tialisme de Kierkegaard à Saint-Germain-des-Prés« ist von Camus die Rede, doch hebt Roger Grenier (ein Biograph Camus', nicht zu verwechseln mit Jean Grenier) mit Recht hervor, daß man Camus gerade *nicht* zu den Existentialisten zählen darf. (Wo das, leider immer noch, geschieht, darf man, nebenbei bemerkt, davon ausgehen, daß der Autor Camus nicht verstanden hat.)

Es verdient jedoch auch Erwähnung, daß die Veröffentlichung der Korrespondenz zwischen Albert Camus und seinem Lehrer und Freund Jean Grenier[2], der beiden Bände über Camus' journalistische Tätigkeit in Algier[3] sowie die vollständige Ausgabe seiner Artikel in der Zeitschrift »L'Express«[4] das neue Interesse an Camus zweifellos gefördert haben. Zu nennen sind insbesondere auch die Aktivitäten der 1982 bei der Tagung in Cerisy-la-Salle gegründeten »Société des Etudes Camusiennes«; in dem von ihr herausgegebenen Bulletin wird regelmäßig über Veranstaltungen, Neuerscheinungen u. ä. berichtet; besonders beachtenswert scheinen mir die hier zu findenden Mitteilungen über die außereuropäische Camus-Rezeption, z. B. die in Indien und Japan. Auch neuere Tagungsberichte sind natürlich für die Camus-Forschung von erheblicher Bedeutung.[5]

Vor diesem Hintergrund kann es nicht überraschen, daß die Publikation von »Le Premier Homme« ein außerordentliches Echo hatte; die zahlreichen »Besprechungen« sind nur noch durch eine systematische Dokumentation zu erfassen, was vermutlich in dem Pariser »Institut Mémoire de l'Edition Contemporaine« (IMEC) geschieht, das sich neben anderen Autoren in spezieller Weise Camus' angenommen hat. Die deutsche Resonanz war, auch bei Erscheinen der Übersetzung, sehr unterschiedlich. Ich halte es nicht für meine

---

2 *Albert Camus – Jean Grenier, Correspondance 1932–1960*, hrsg. v. M. Dobrenn. Paris 1981.

3 *Fragments d'un combat. 1938–1940. Alger Républicain. Le Soir Républicain*, hrsg. v. J. Lévi-Valensi u. A. Abbou. (Cahiers Albert Camus 3/1 u. 3/2) Paris 1978.

4 *Albert Camus éditorialiste à l'Express* (Mai 1955–Février 1956), hrsg. v. P.-F. Smets. (Cahiers Albert Camus 6) Paris 1987.

5 Ich nenne hier nur den Band: *Albert Camus – Les Extrêmes et l'équilibre. Actes du colloque de Keele*, 25–27 mars 1993, hrsg. v. D. H. Walker. Amsterdam/Atlanta, GA 1994; s. auch den Hinweis auf deutsche Camus-Tagungen seit 1982 bei A. Pieper, *Vorwort*, in: *Die Gegenwart des Absurden. Studien zu Albert Camus*, hrsg. v. A. Pieper. (Basler Studien zur Philosophie, 3) Tübingen/Basel 1994, p. xvs.

Aufgabe, sie hier zu »evaluieren«, wie man heute sagt.[6] Auch habe ich Zweifel, ob es »gut« war, diesen Text, den Camus in seiner Aktentasche bei sich hatte, als er am 4. Januar 1960 verunglückte[7], zu veröffentlichen, aber es leuchtet mir natürlich ein, daß es unter literaturwissenschaftlichen (und gewiß auch biographischen) Gesichtspunkten wichtig sein mag, sich mit dem beschäftigen zu können, womit Camus selbst sich in seinen letzten Jahren und Monaten beschäftigt hat. Da wir nicht wissen, wie das Buch ausgesehen hätte, wenn Camus es hätte vollenden können, ist die Versuchung groß, sich mit unqualifizierter Neugierde auf das zu stürzen, was hier zu lesen ist. Vergegenwärtigt man sich die übrigen größeren literarischen Werke Camus' – »L'Etranger« (1942), »La Peste« (1947), »La Chute« (1956) – sowie auch die unter dem Titel »L'Exil et le Royaume« (1957) erschienenen Novellen, so wird man annehmen müssen, daß er über das Autobiographische hinaus gerade auch in »Le Premier Homme« eine »allgemeine« Dimension ausgearbeitet hätte. Ob und wie er damit über seine bis dahin vertretenen »Positionen« hinausgegangen wäre, wissen wir aber nicht nur deshalb nicht, weil es der vorliegende Text nicht sagt, sondern auch weil Camus dies gemäß seinem Arbeitsplan[8] in dem philosophischen bzw. theoretischen Werk des dritten Zyklus darlegen wollte. Jedenfalls hat man sich, was das Philosophische bei Camus betrifft, wie bisher an die von ihm veröffentlichten Schriften, die dazugehörigen Aufsätze, Interviews u. ä. und auch an Tagebuchnotizen (von 1935 bis 1959) und Briefe zu halten.

Die im folgenden rekonstruierten philosophischen Auffassungen Camus' stehen alle unter der ihn leitende Frage: »comment il faut se conduire« (vgl. Interview in »Servir« vom 20. 12. 1945, in: E 1427). Wie soll man (heute) leben? Diese Frage war und ist im Sinne Camus' nicht einer bestimmten philosophischen Disziplin zuzuordnen (z. B. der Ethik bzw. der Praktischen Philosophie, der Ästhetik usw.), son-

---

6 Erwähnt sei hier lediglich der besonders informative Artikel von H. WERNICKE: *Das reine Selbst. Wer erste Mensch: Camus' Roman aus dem Nachlaß*, in: Lutherische Monatshefte 34 (1994) 24–28.
7 Vgl. H. R. LOTTMAN, *Camus. Eine Biographie*. Hamburg 1986, 566.
8 Vgl. unten S. 36, Anm. 16.

dern gehört in den gegenüber solchen Einteilungen fundamentaleren Bereich menschlichen Lebens, Erfahrens und Denkens. Was Camus mit zunehmender Ausdrücklichkeit beschäftigte, war die große Frage, wie es, nach den Erfahrungen der ersten Jahrhunderthälfte, mit der Menschheit weitergehen werde oder, mit seinen eigenen Worten aus »L'Exil d'Hélène«: worin »der Sinn der Geschichte von morgen« (»le sens de l'histoire de demain«) liege (LE 160; E 857).

Diese Formulierung ist hier als Titel bewußt gegen die Polemik jener gerichtet, die Camus mangelndes Verständnis für die Geschichte vorwerfen. Wenn man unter »Geschichtsphilosophie« nur eine bestimmte Form derselben versteht, läßt sich leicht gegen sie argumentieren.[9] Daß Camus sich nicht aus der Geschichte zurückgezogen hat – zugunsten einer abstrakten Moral –, ist unter den »camusiens« gut bekannt. Vermutlich ist seine Sicht der Geschichte aber nicht wenigen (philosophischen) Zeitgenossen zu behutsam, zu skeptisch, zu wenig militant.

Gerade dies bildet indes das Specificum seiner »Geschichtstheorie« – ich riskiere diese Formulierung – und könnte ihr, nach der inzwischen eingetretenen Auflösung der manichäischen Block-Konstellation, zumindest neue Aufmerksamkeit verschaffen. Daß Camus' Geschichtstheorie eine Theorie des Ausgleichs zwischen Geschichte und Natur ist, daß sich in ihr die klassische Problematik des vielfach immer noch unverstandenen Verhältnisses von »Antike und Christentum« widerspiegelt, daß in ihr die Annahme metageschichtlicher Momente eine Rolle spielt, daß in ihr um eine Hoffnung gerungen wird, die sich auf das je Gegenwärtig-Mögliche bezieht, also weder auf das Jenseitige noch auf eine ferne, imaginäre Zukunft, jedoch auch daß sich Camus keineswegs zu allem und jedem geäußert hat, was zu unserer Geschichte gehört, – dies alles spricht doch nicht dagegen, daß wir es hier mit einer Geschichtstheorie zu tun haben. Auch wenn sie manchem als fragmentarisch erscheinen mag, ihre Grundlinien lassen einen nüchternen Sinn für die Wirklichkeit erkennen und –

---

9 Dies ist z. B. anzumerken gegen O. MARQUARD, *Wie irrational kann Geschichtsphiloso-phie sein?* In: Philosophisches Jahrbuch 79 (1972) 241–253; auch in: ders., *Schwierig-keiten mit der Geschichtsphilosophie.* Frankfurt/M. 1973, 66–82 u. 178–185; s. auch die Simplifikation von J. FEST, *Der zerstörte Traum. Vom Ende des utopischen Zeitalters.* Berlin 1991.

gerade deswegen? – eine »Dialektik ohne Synthese«, wie es Maurice Weyembergh treffend formuliert hat.[10]

Etwas anderes ist freilich die Frage, ob und inwieweit diese Theorie die Chance hat, realisiert zu werden. Mit einer solchen Frage kann man jedes philosophische Projekt sehr schnell in arge Verlegenheit bringen. Soll man aber deshalb auf Reflexion verzichten? Selbst wenn »Realpolitiker« diese Konsequenz ziehen (würden), läßt sich das Denken nicht stillstellen. Daher geht es bei jedem Denken über die Geschichte nicht um wohlfeile Rezepturen und Handlungsanweisungen, sondern um Einsicht in den bisherigen processus temporum und in die sich anbietenden Folgerungen. Hierbei muß keineswegs ein notwendiger bzw. »gesetzmäßiger« Fortschritt zum Besseren vorausgesetzt werden, wohl jedoch die – antignostische – Verantwortung für ein möglichst gutes Weiterleben. Im Sinne dieser knappen Andeutungen findet man bei Camus Aussagen über die Geschichte und auch über ihr entsprechende politische Ideen, die in die Diskussion einbezogen zu werden verdienen.

Da wir uns nicht der Illusion hingeben, es könnte in der bisherigen Rezeption Versäumtes ohne weiteres nachgeholt werden, sind die in diesem Buch vorgelegten Arbeiten primär als Korrektur nicht weniger Mißverständnisse und Simplifikationen gedacht, die über Camus in Umlauf sind, d. h. als Beitrag zu einer Camus-Forschung, der es selbstverständlich darum gehen muß, Camus »historisch« gerecht zu werden. Nach dieser Interpretationsarbeit wird erneut zu fragen sein, ob und inwiefern die Camus-Rezeption, speziell die deutsche[11], einseitig, ja irreführred verlaufen ist, und darüber hinaus, ob Camus' Ansicht über den »Sinn der Geschichte von morgen« und sein Verständnis der Hoffnung noch Beachtung verdienen, zumal, wie man weiß, inzwischen viele andere illustre Namen im Vordergrund des philosophischen Diskurses stehen.

---

10 Vgl. M. WEYEMBERGH, *L'Unité, la totalité et l'énigme ontologique*, in: Albert Camus – Les extrêmes et l'équilibre, a.a.O. 33.

11 Vgl. H. R. SCHLETTE, *Einführung*, in: Wege der deutschen Camus-Rezeption, hrsg. v. H. R. S. (Wege der Forschung, Bd. 441) Darmstadt 1975, 3–6; s. auch die sehr anregende, in bezug auf Camus jedoch ungenaue Studie von M. RAHNER, *»Tout est neuf ici, tout est à recommencer …« Die Rezeption des französischen Existentialismus im kulturellen Feld Westdeutschlands (1945–1949)*. Würzburg 1993.

Zweifellos bereitet Camus' Anspruch, trotz allem eine Form der Hoffnung anzubieten, die *meisten* Schwierigkeiten. Bevor man hier mit der naheliegenden Kritik, insbesondere der christlich-theologischen, einsetzt, sollte man sich um das Verständnis dessen bemühen, was Camus gemeint hat. Seine Auffassung von »Gegenwart« erschöpft sich nicht im »carpe diem«, sondern verweist auf die bleibende Notwendigkeit, den Streit um den Ausgleich von Natur und Geschichte und speziell von Freiheit und Gerechtigkeit im Geist der Revolte, deren Nein auf einem Einverständnis beruht, aufzunehmen und darauf zu vertrauen, daß diese Anstrengung nicht schlechterdings zum Scheitern verurteilt ist. Hatte der viel interpretierte Schlußsatz des »Mythos von Sisyphos« »Il faut imaginer Sisyphe heureux« (E 198) für die tapfere Annahme der condition humaine plädiert – mit der provozierenden Proklamation einer eigenartigen, schwer zu begreifenden Weise des Glücks im Herzen dieser Auflehnung –, so ist Camus über diese »Position« insofern hinausgegangen, als er in »L'Homme révolté«, diesem »Buch der Hoffnung« (E 1635), aber auch bei anderen Gelegenheiten bis hin zu seiner großen Rede in der Aula der Universität Uppsala am 14. Dezember 1957 (vgl. F 294; E 1096) seine Theorie der Geschichte mit einer gewissen Zuversicht verbunden hat: »Die großen Gedanken, so ist gesagt worden, kommen auf Taubenfüßen in die Welt. Darum würden wir vielleicht, wenn wir aufmerksam lauschten, inmitten des Aufruhrs der Reiche und der Nationen etwas wie schwaches Flügelrauschen vernehmen, das weiche Rascheln des Lebens und der Hoffnung. Die einen sagen, diese Hoffnung werde von einem Volk verkörpert, die anderen, von einem Menschen. Ich glaube, daß sie im Gegenteil von Millionen Einzelner erweckt, belebt und unterhalten wird, Menschen, deren Tun und Werke jeden Tag die Grenzen und die plumpe Augenfälligkeit der Geschichte abstreiten, um flüchtig die stets bedrohte Wahrheit aufleuchten zu lassen, die ein jeder auf seinem Leiden und seiner Freude für alle aufrichtet.«

Im Prinzip bleibt es jedoch für Camus dabei, zwischen der Hoffnung auf »Transzendenz« und der Hoffnung auf definitiv gelingende Zukunft eine die Negativerfahrungen ernster nehmende, sich an griechischer Kosmoserfahrung anlehnende Hoffnung zu empfehlen.

Diesem Anspruch hat man sich zu stellen. Dabei gerät man heute in besonderer Weise vor die Frage nach der Hoffnung über den Tod hinaus. Ob Camus auf einem Weg war, auf dem ihn seine Erfahrung des »Geheimnisses« zu *dieser* Art Hoffnung geführt hätte, läßt sich nicht beantworten. Wichtiger als die Kritik an dem, was Camus zu diesem Thema gesagt hat und was er hätte sagen können – ist es nicht gerade um der Opfer willen notwendig, Hoffnung nicht auf die Gegenwart zu beschränken? –, wäre es, darüber nachzudenken, ob, unabhängig von der leidigen, bekanntlich mit erheblichem (Heils-) Egoismus befrachteten Jenseitsproblematik, zum Beispiel auch für Christen, die sich nicht an Institutionen, sondern an der Lehre Jesu orientieren, eine Identifizierung mit Camus' Hoffnung möglich, ja geradezu erforderlich ist. Auf der Ebene der intersubjektiv erstrebenswerten Kommunikation (mit und ohne *ideale* Sprechsituation) gibt es ohnedies keine Alternative zu Camus' Geschichtstheorie und Camus' Hoffnung, auch wenn andere das, was bei Camus zu finden ist, ausführlicher, philosophisch differenzierter und in aktuellerem Problemhorizont entfaltet haben.

I

Zur Rezeption der politischen Ideen
Camus' in der Bundesrepublik

Jeanyves Guérin hat mir mehrere Fragen nach der Wirkung des politischen Denkens Camus' auf die konkrete Politik in der Bundesrepublik Deutschland gestellt.[1] Ich habe ihn sogleich auf die Schwierigkeiten dieser Fragestellung hingewiesen, doch erschien es mir möglich, über das vorsichtig formulierte Thema »Bemerkungen zur Rezeption der politischen Ideen Camus' in der Bundesrepublik« einige Überlegungen vorzutragen. Da ich der Meinung bin, daß es eine politische Rezeption der politischen Ideen Camus' in der Bundesrepublik nicht gibt (erst recht natürlich nicht in der DDR), kann es sich hier nur darum handeln zu erklären, warum das so ist. Es gibt freilich eine gewisse Camus-Rezeption seitens einzelner politisch interessierter Philosophen und Schriftsteller, aber das ist bekanntlich nicht dasselbe wie eine politische Rezeption oder gar eine Rezeption durch Politiker.

Es ist unvermeidbar, kurz daran zu erinnern, daß man in Deutschland bedeutende Traditionen des politischen Denkens antrifft. Obwohl (nach einem bekannten Buch des Philosophen und Soziologen Helmuth Plessner) Deutschland eine »verspätete Nation« ist, ja obwohl es, weit schlimmer, eine verspätete Demokratie ist, fehlt es bei uns nicht an politisch-philosophischen Ideen. Die Namen der deutschen »Meisterdenker«, die einem hier einfallen, brauchen nicht alle aufgezählt zu werden. Genannt seien aus jüngster Zeit so verschiedene Autoren wie Max Weber, Carl Schmitt, Rosa Luxemburg, Ernst Bloch, Karl Jaspers, natürlich auch Heidegger, aber auch Joachim

---

1 Bei der Vorbereitung einer von ihm organisierten Tagung; vgl. *Camus et la politique. Actes du colloque de Nanterre 5–7 juin 1985*, hrsg. v. J. Guérin. Paris 1986; darin p. 61–67 die französische Fassung des vorliegenden Beitrags.

18

Ritter, Hermann Lübbe sowie die Hauptvertreter der Frankfurter Schule – Marcuse, Adorno, Horkheimer – und nicht zuletzt Jürgen Habermas. Daß in der deutschen politischen Theorie die großen Lehrer der Antike und des Mittelalters ebenso studiert werden wie Hobbes, Locke, Rousseau, Montesquieu, Tocqueville, John Stuart Mill u. a., ist selbstverständlich. Ich erwähne es lediglich, um hervorzuheben, daß das Feld der politischen Theorie seit langem voll besetzt ist mit angesehenen Autoren und mit klassischen Themen und Meinungen. Jede Rezeption *neuer* Ideen erfolgt – wohl nicht nur in Deutschland – zunächst im Bereich der Philosophie, speziell in der politischen Philosophie oder Theorie; demgegenüber ist, wie ich schon sagte, die Rezeption politischer Ideen in der konkreten Politik und durch die Politiker etwas durchaus anderes. Die Kluft zwischen Macht und Geist, in Deutschland nach wie vor oft diskutiert, ist sicher einer der Gründe, die es möglich sein ließen, daß in dem sogenannten Land der Dichter und Denker das Regime des Nationalsozialismus entstehen konnte.

Vergegenwärtigt man sich die heutige politische Wirklichkeit in der Bundesrepublik, so erkennt man politisch-theoretische Positionen, wie man sie in fast allen Ländern mit demokratischem Parlamentarismus findet. Die Gemeinsamkeit besteht in der Anerkennung der Grundwerte unserer Verfassung, in die das geistige Erbe der amerikanischen und französischen Revolution eingegangen ist, – eine gute Verfassung, die jedoch, wie kein geringerer als Karl Jaspers beklagte[2], vom Parlament, nicht vom Volk beschlossen wurde, und zwar unter dem Eindruck jenes Ereignisses, von dem man in Deutschland immer noch nicht einhellig bereit ist, es als »Befreiung« zu bezeichnen. Im Rahmen der Verfassung sind die Differenzen der Parteien Variationen des allgemeinen politisch-gesellschaftlichen Verhältnisses von Freiheit und Gerechtigkeit, und sie spiegeln, wie überall, die unterschiedliche Einschätzung der politischen und ideologischen Prioritäten insbesondere in ökonomischer und außenpolitischer Hinsicht wider. In die Programme dieser Parteien sind selbstverständlich politische Ideen und Zielsetzungen eingegangen – etwa von Kant, Mill, Marx, Las-

---

2 Vgl. K. JASPERS, *Wohin treibt die Bundesrepublik? Tatsachen – Gefahren – Chancen*. München 1966, 176f.

salle, auch von Thomas von Aquin und aus der christlichen Soziallehre, ja inzwischen auch vom Club of Rome. Es fragt sich jedoch, ob hier die Rezeption politischer Ideen so interpretiert werden kann und muß, daß von einem Vorrang des Geistes vor der Macht, der Theorie vor der Praxis, der Idee vor den Ereignissen usw. gesprochen werden darf. Wie man weiß, ist dieses Problem äußerst komplex und delikat. Es kann durchaus sein, daß einzelne Politiker in allen Parteien sich von bestimmten Ideen leiten lassen und daß sie bestimmte Philosophen bevorzugen; Helmut Schmidt berief sich z. B. gern auf Kant und Popper, und er soll, wie übrigens auch Franz-Josef Strauß, auch einmal Camus zitiert haben. Aber wir kennen die Rolle der Ghostwriter und auch die Funktion der politischen Semantik in den Programmen und Reden der Parteien. Es ist also fast unmöglich, die praktisch-politische Rezeption einer politischen Theorie im einzelnen nachzuweisen, auch wenn man sie nicht generell bestreiten will – etwa zugunsten anonymer ökonomischer oder sonstiger Strukturen, deren Wirkung im konkreten Fall ebenfalls nicht nachzuweisen ist.

Auf diesem Hintergrund, der also ganz allgemein das philosophische Verhältnis von Denken und Handeln betrifft, ist nunmehr nach der Rezeption der politischen Ideen Camus' in der Bundesrepublik zu fragen. Nach dem bisher Gesagten ist es offenkundig, daß ein eventueller Einfluß auf die konkrete Politik nicht nachweisbar ist, obwohl man nicht ausschließen kann, daß einzelne Politiker durchaus irgendwelche Sympathien für Camus hatten und haben. Man muß sich jedoch sogleich vor Augen halten, daß die Camus-Rezeption bei uns von Anfang an, das heißt seit 1948, dem Jahr des Erscheinens der Übersetzung von »L'Etranger«, primär eine literarische war und Camus philosophisch der sogenannten »Existenzphilosophie« oder gar dem »Existentialismus« zugerechnet wurde. Man las vor allem »L'Etranger«, »Le Mythe de Sisyphe« und »La Peste«. Bis heute sind es, wenn ich mich nicht täusche, diese drei Bücher, die – vor allem über den Französischunterricht, aber in erheblichem Maße auch über den Philosophieunterricht und den christlichen Religionsunterricht in den Schulen – nach wie vor einer breiteren Öffentlichkeit bekannt sind und bekannt gemacht werden. Nicht in gleichem Maße bekannt sind die politischen Ideen, die Camus in »L'Homme révolté« entwikkelt hat, obwohl dieses Werk keineswegs nur von Camus-Spezialisten,

20

sondern auch in der philosophischen und politologischen Literatur nicht selten positiv erwähnt wird. Vor allem aufgrund des Streites mit Sartre ist »vielen« bekannt geworden, daß Camus den Stalinismus entschiedener zurückgewiesen hat als Sartre. Camus' Ablehnung Franco-Spaniens indes wurde weniger Aufmerksamkeit zuteil. Denkt man an die Situation des Kalten Krieges und an den ideologischen Ost-West-Dualismus, der in Anbetracht der Spaltung Deutschlands unter dem Stichwort »Wettkampf der Systeme« mit besonderer Gründlichkeit ausgetragen wurde, so ist es klar, daß Camus als Gegner der Totalitarismen von Rechts und Links bei uns als Kronzeuge der liberal-parlamentarischen Demokratie mit ihren Prinzipien der Menschenrechte, der bürgerlichen Freiheiten, des Dialogs usw. geschätzt wird. Dies bedeutet faktisch ein allgemeines Integriertsein in das öffentliche Bewußtsein der Bundesrepublik, und in diesem Sinne kann man ja zweifellos auch vieles von dem lesen, was Camus in Reden und Essays zum Ausdruck gebracht hat, was nicht originell ist und was die Politik nur in einer allgemeinen Form mitbestimmt, so wie man es von anderen Autoren ebenso, ja mit noch größerem Recht sagen kann. Von einer spezifisch politischen Rezeption der politischen Ideen Camus' kann hier also nicht gesprochen werden; selbst wenn man Camus als Zeugen der Demokratie und der Freiheit zitiert, rezipiert man ihn ja nicht, sondern man zitiert ihn zustimmend oder zur Ornamentierung von Meinungen, die man ohnehin schon hat.

Daß auf der Ebene der Politik eine Camus-Rezeption nicht stattgefunden hat, wird noch deutlicher erkennbar, wenn man von der Frage ausgeht, was denn eigentlich exakt Camus' politische Ideen sind. In dieser Hinsicht hat für die Bundesrepublik im wesentlichen erst die Camus-Forschung der letzten zehn Jahre herausgearbeitet, daß Camus' politische Theorie keineswegs nur in der Wiederholung der bekannten Grundprinzipien und Spielregeln der westlichen liberal-pluralistischen Demokratie bestand, daß er vielmehr als Vertreter einer europäischen Linken zu gelten hat, deren Sozialismus weit weniger von Marx inspiriert ist, sondern weit mehr von den Frühsozialisten und insbesondere von Proudhon und die in den anarcho-syndikalistischen Strömungen Südeuropas eine gewisse eigene Tradition besitzt.

Diese Variante des Sozialismus ist durch Antizentralismus gegenüber Staat und Ökonomie, durch Regionalismus, durch das Interesse an der *jetzt schon* und nicht erst in ferner Zukunft zu verwirklichenden Synthese von Gerechtigkeit und Freiheit charakterisiert, ja sie proklamiert auf allen Ebenen das – heute besonders bei jungen Menschen wieder aktuelle – Prinzip *»von unten«* gegen das autoritär-marxistische und leninistische Prinzip *»von oben«*. Diese seine Position hat Camus insbesondere im Schlußkapitel von »L'Homme révolté« formuliert, obwohl dies offenbar von vielen überlesen wurde; er optiert hier ausdrücklich für den südlich-romanischen Zweig der Ersten Internationale gegen den nördlich-germanischen mit seinen Neigungen zu Dogmatismus und zu jener fatalen »pensée historique«, die für Camus aus dem jüdisch-christlichen Erbe stammt und dem von ihm geliebten griechischen Denken entgegengesetzt ist. Diese nicht mehr nur allgemein demokratische, sondern konkret-inhaltlich interpretierte politische Theorie Camus', auf die in der Bundesrepublik vor allem Rupert Neudeck und Horst Wernicke nachdrücklich aufmerksam gemacht haben[3], ist weder in der deutschen Politik noch in der deutschen politischen Philosophie rezipiert worden, auch nicht, soweit ich sehe, im sozialdemokratisch-sozialistischen Bereich und nicht einmal bei unseren »Grünen«. Optimisten mögen annehmen, daß diese Entdeckung noch bevorsteht. Insbesondere ist zu bedauern, daß die sogenannte Frankfurter Schule, insbesondere Adorno und Horkheimer, diese politische Position Camus' nicht erkannt und rezipiert haben. Es bestehen nämlich eine Reihe von Ähnlichkeiten zwischen ihnen, die im einzelnen aufzuzeigen eine lohnende Aufgabe darstellt; vielleicht hat die Frankfurter Schule (die übrigens auch Sartre kaum beachtet hat) ihre eigene Originalität so eingeschätzt, daß sie es für unnötig hielt, sich mit dem »Schriftsteller« Camus zu befassen. Horkheimer hat z. B. in einem Gespräch zugegeben, »L'Homme révolté« nicht gelesen

---

3 Vgl. R. Neudeck, *Die politische Ethik bei Jean-Paul Sartre und Albert Camus.* Bonn 1975; H. Wernicke, *Albert Camus. Aufklärer – Skeptiker – Sozialist. Essay über einen Entwurf vom brüderlichen Menschen.* Hildesheim/Zürich/New York 1984; s. auch das politische Akzente setzende »Lesebuch«: *Albert Camus – Unter dem Zeichen der Freiheit,* hrsg. v. H. Wernicke. Reinbek 1985 (rowohlt TB 13411, 1993), das folgende Erstübersetzungen (von M. Yadel) enthält: »Der mystifizierte Sozialismus« (E 336–338), »Internationale Demokratie und internationale Diktatur« (E 341–344), »Unter dem Zeichen der Freiheit« (E 1746–1749).

zu haben; er sei damals, als das Buch im Deutschen erschien, Rektor der Universität Frankfurt gewesen und habe keine Zeit gehabt ...

Was aber noch bedenklicher stimmt, ist die Tatsache, daß selbst dort, wo man sich relativ positiv über Camus äußerte, das Spezifische seines Sozialismus überhaupt nicht gesehen wurde. Ein bezeichnendes Beispiel hierfür ist die Beurteilung Camus' durch den angesehenen Politikwissenschaftler und Philosophen Eric Voegelin. Auf ihn möchte ich etwas näher eingehen, denn die bloße Sammlung einzelner Camus-Erwähnungen bei anderen, weniger renommierten Autoren mag wichtig sein, führt aber nicht zum Kern des Problems, das ich aufzeigen möchte.

Voegelin, 1901 in Köln geboren, emigrierte 1938 aus Wien in die USA und lehrte dort an verschiedenen Universitäten, bis er 1958 an die Universität München berufen wurde. Hier lehrte er bis 1969 und baute in diesen Jahren ein Institut für Politische Wissenschaft auf, das »Geschwister-Scholl-Institut«. Nach seiner Emeritierung kehrte Voegelin nach Stanford zurück, wo er am 19. Januar 1985 gestorben ist.[4] Von Voegelin darf hier deswegen gesprochen werden, weil er in der Münchener Zeit große Wirkung auf das politisch-theoretische Denken in der Bundesrepublik ausübte, auch wenn er in vielen Punkten nicht unumstritten war. Sein Hauptwerk »Order and History« wurde zwar nicht übersetzt, doch es erschienen einige bedeutende Bücher von ihm in deutscher Sprache. Vor allem aber sammelte Voegelin einen großen Kreis von Schülern um sich, von denen mehrere heute an deutschen Universitäten lehren. In einem Artikel über Voegelin in der *Neuen Zürcher Zeitung* beschrieb der in Frankreich als langjähriger Redakteur der Zeitschrift »Preuves« gut bekannte Schweizer Publizist François Bondy, wie hart Voegelin bisweilen urteilte: Hegel nannte er einen »magischen Konstrukteur«, Marx einen »intellektuellen Schwindler«, obwohl er natürlich ihren philosophischen Rang anerkannte. Auch von Heidegger hielt er wenig. Dann schreibt Bondy: »Einer der wenigen, über die sich Voegelin nur positiv geäußert hat, war Albert

---

4 Vgl. E. VOEGELIN, *Autobiographische Reflexionen*, hrsg. v. P. J. Opitz. München 1994; s. auch M. HENNINGSEN, *Eric Voegelin und die Deutschen*, in: Merkur 48 (1994) 726–730.

Camus.«[5] Dieses Urteil Bondys, der selbst zu den ersten und effektivsten Vermittlern des Camus'schen Denkens in den deutschsprachigen Bereich hinein gehört, ist zwar nicht ganz unberechtigt, aber doch einer gewissen Korrektur bedürftig.

Voegelin, der jede politische »Gnosis«, wie er sich ausdrückte, scharf kritisierte und auf dem Boden eines Denkens stand, dessen maßgebliche Autoritäten Platon und Aristoteles waren, äußerte sich zu Camus in einer Abhandlung mit dem Titel »Was ist Politische Realität?« Er hat »L'Homme révolté« und die gleichzeitig und kurz darauf entstandenen Aufzeichnungen in den »Carnets« genau gelesen. Voegelin schreibt z. B. folgendes: »Fragen wir konkret: Woher kommt einem Albert Camus . . . die Kraft, die ihn durch Jahrzehnte in der Spannung seiner Meditation hält und ihn die Perversion der Revolte durchschauen und überwinden läßt? Für Camus kommt sie aus dem Mythos.«[6] Aber Voegelin scheint nicht zu sehen, daß Camus den Mythos nur in einer säkularisierten Form übernommen hat. Er zitiert auch folgenden Satz aus »L'Homme révolté«: »Die Analyse der Revolte führt wenigstens zu dem Verdacht, daß es eine menschliche Natur gibt, wie die Griechen sie dachten, und zwar im Gegensatz zu den Postulaten des modernen Denkens.« Diesen Satz jedoch nennt Voegelin eine »rührende Stelle«. Im Anschluß an ihn fährt er fort: »Wenn man unter der ›Natur des Menschen‹ in diesem Satz nicht eine Information über sie versteht, wie Handbücher der Philosophie sie jederzeit zur Verfügung stellen, sondern das aktive Leben, geordnet durch die liebende Spannung der Existenz zum göttlichen Grund, in der das autonome Selbst sich auflöst, dann dürfte man die Richtung des Progressus richtig verstanden haben.«[7] Nun kann man jedoch bei Camus von einem »göttlichen Grund« *in dieser Weise* nicht sprechen, so daß man auch aus diesem Satz Voegelins schließen muß, daß er Camus doch nicht so gut verstanden und positiv beurteilt hat, wie François Bondy meint. Auch findet man bei Voegelin nichts über den »sozialistischen« Camus.

---

5 Vgl. F. BONDY, *Der Tod des Geistes ist der Tod des Fortschritts. Zur Erinnerung an Eric Voegelin*, in: NZZ vom 18. 3. 1985, S. 21.

6 E. VOEGELIN, *Was ist Politische Realität?* In: E. V., Anamnesis. Zur Theorie der Geschichte und Politik. München 1966, 330.

7 Ebd. 313 (vgl. MR 16; E 425).

Es braucht kaum noch erwähnt zu werden, daß namhafte Autoren wie z. B. Joachim Ritter und seine Schule, Hermann Lübbe, Alexander Schwan, Michael Theunissen, Karl-Otto Apel, Jürgen Habermas, Ralf Dahrendorf, auch der ansonsten enzyklopädische Ernst Bloch und der Camus in vielem sehr nahestehende Karl Löwith sich mit den politischen Ideen Camus' nicht befassen.

Zu den wenigen, die das Spezifische der politischen Theorie Camus' erkannt haben, gehört der politische Schriftsteller und Journalist Heinz Abosch, bezeichnenderweise auch ein guter Kenner und Übersetzer von Simone Weil, der im Vorwort zu seiner Übersetzung von »Unterdrückung und Freiheit« wörtlich schreibt: »Der Geist des Essays ›L'Homme révolté‹ ist mit den Thesen Simone Weils identisch.«[8] Ob dieses Urteil wirklich zutrifft, mag hier dahingestellt bleiben, immerhin verweist Abosch in die Richtung einer Besinnung auf die Inhalte der politischen Theorie Camus' und gibt sich also mit einer allgemeinen Beschwörung von Leerformeln wie Freiheit, Demokratie usw. nicht zufrieden.[9]

Wie groß die Unkenntnis gerade auch in Kreisen der SPD ist, zeigt ein am 3. November 1984 in der sozialdemokratischen Wochenzeitung »Vorwärts« erschienener Artikel des Journalisten Wolfgang Michal, der gleich drei Überschriften trägt, nämlich: »Wendezeit: Sartre ist ›out‹, Camus ist ›in‹ – Mit diesen Moralisten ist kein ›Staat‹ mehr zu machen ... – Erinnerung an eine Debatte der fünfziger Jahre«. Der Autor, der Camus vorwirft, den »Entkolonialisierungsprozeß der Dritten Welt« nicht verstanden und noch in den fünfziger Jahren »eurozentrisch« gedacht zu haben, bevor er sich schließlich in die »innere Emigration« zurückgezogen habe – eine seltsame Kombination von Mißverständnissen –, erkennt im heutigen Europa eine »entstaatlichende« Tendenz, die er mit Camus' Denken in Beziehung setzt. Er spricht von Camus' »Ausstieg aus der Geschichte«, der als »Überwindung des staatlichen Zwangs, als Entstaatlichungstendenz im Sinne der freien Assoziation freier Produzenten gelesen werden« könne, »als Dezentralisierungswunsch und Verlangen nach Selbstbe-

---

8 Vgl. H. ABOSCH, *Vorwort* zu: S. Weil, Unterdrückung und Freiheit. Politische Schriften. München 1975, 17.

9 Vgl. auch ders., *Trotzki zur Einführung*. Hamburg 1990; *Jean Jaurès: Die vergebliche Hoffnung*. München/Zürich 1986; *Simone Weil zur Einführung*. Hamburg 1990.

stimmung auf der Basis einer ökologischen (syndikalistischen!) Produktionsweise.« Dann schließt er mit folgendem Passus: »Ein kleines industriell verdichtetes, zersiedeltes, mit Waffen und Beton überladenes Europa wird die anti-staatliche Sehnsucht Camus' nach Sonne, Freiheit und Mittelmeer verstehen – doch Europa ist nicht *die Welt*.« Die politische Wende von Sartre zu Camus, die der Verfasser, keineswegs nur für die Bundesrepublik, registriert, wird von ihm offensichtlich als modisch hingestellt und letzten Endes als naiv-romantischer Eskapismus diffamiert. Ob, in welchem Maße und für wen dieser Artikel repräsentativ ist, vermag ich nicht zu beurteilen.

Es darf im übrigen angenommen werden, daß Willy Brandt die politische Position Camus' wohl bekannt war. In seinen Erinnerungen zitiert er in einem Kapitel, das über den spanischen Bürgerkrieg handelt, ein Wort Camus' über Andrés Nin. Camus habe den Tod dieses unabhängigen Marxisten »eine Wende in der Tragödie des 20. Jahrhunderts«, in diesem »Jahrhundert der verratenen Revolution« genannt.[10] Zwar war auch Brandt nicht in einer Situation, in der er Camus' politische Ideen hätte rezipieren können, doch würde ein näherer Vergleich zeigen, daß er sachlich in vieler Hinsicht mit Camus übereinstimmt.

Ich möchte an dieser Stelle noch auf eine gewissermaßen halbpolitische, oder besser: gesellschaftliche Rezeption Camus' hinweisen. Ich erwähnte bereits Rupert Neudeck. Er wurde sehr bekannt durch seine Aktion »Ein Schiff für Vietnam«, die er zusammen mit André Glucksmann initiiert hatte, sowie durch die Errichtung des »Komitees Notärzte/Cap Anamur«, das – ähnlich wie die »médecins sans frontières«– in Ländern der Dritten Welt außerordentlich gute Arbeit leistet und, rascher und unbürokratischer als große internationale Hilfsorganisationen, dort präsent sein will, wo ganz konkret Not zu beseitigen oder, im Sinne Camus', wenigstens zu verringern ist. (Übrigens gibt es diesen berühmten Satz Camus', auf den ich hier angespielt habe[11], als Spruch auf einer Postkarte, die in der Bundes-

---

10 W. Brandt, *Links und frei. Mein Weg 1930–1950*. Hamburg 1982, 253.

11 »Wir können es vielleicht nicht verhindern, daß diese Schöpfung eine Welt ist, in der Kinder gemartert werden. Aber wir können die Zahl der gemarterten Kinder verringern. Und wenn Sie uns dabei nicht helfen, wer soll uns dann helfen?« Aus: Der Ungläubige und die Christen, LE 77 (E 374).

26

republik von der Hilfsorganisation »Aktion Friedensdorf« verbreitet worden ist. Auch sonst wird dieser Satz in humanitären Zusammenhängen gern verwendet.) Ich bin sicher, daß Rupert Neudeck auch in einem sehr persönlichen Sinne stark von Camus' politischen und ethischen Ideen beeinflußt ist, aber es darf natürlich nicht übersehen werden, daß Neudeck auch ein sehr guter Kenner Sartres ist, so daß es ziemlich artifiziell wäre, entscheiden zu wollen, wen von beiden er in stärkerem Maße rezipiert hat. Neudeck ist inzwischen eine bekannte Persönlichkeit, die geachtet wird und von der zweifellos auch künftig noch bedeutende Aktivitäten zu erwarten sind.

Erfreulicheres und Konkreteres konnte ich leider nicht berichten. Dies liegt natürlich weniger an Camus und seinen politischen Ideen als vielmehr an der deutschen, wie auch immer zu erklärenden Unfähigkeit, das südliche Denken, d. h. die anarcho-syndikalistischen und in diesem Sinn sozialistischen Traditionen zu verstehen. Die verbreitete Identifizierung des Wortes Anarchismus mit Terrorismus verstellt die Rezeption solcher Traditionen wie derjenigen Proudhons, Bakunins, Kropotkins oder auch eines Gustav Landauer. Gewiß war Camus ein *gemäßigter* Anarchist[12], doch er war eindeutig ein Gegner des Kapitalismus und der europäischen »Gesellschaft der Händler«, die er noch in seiner Rede in Uppsala scharf kritisiert hat.[13]

Zusammenfassend möchte ich sagen: Eine politische Rezeption Camus' in der Bundesrepublik gibt es nicht, vielmehr gilt er – zu Recht, wenn auch zu undifferenziert – als ein Kronzeuge der bürgerlich-pluralistischen Demokratie. Als solcher konnte und brauchte er nicht rezipiert zu werden, sondern wurde er nur zur Bestätigung eigener Ansichten zitiert. Was politisch hätte rezipiert werden können und sollen, nämlich seine besondere Variante des Sozialismus, das eben wurde weder erkannt noch übernommen. Daß dieses Versäumnis nachgeholt wird und werden kann, halte ich für wenig wahrscheinlich, weil das literarische, philosophische und theologische Interesse eindeutig im Vordergrund steht und die allgemeinen Voraussetzungen für die Rezeption des »sozialistischen« Camus bei uns nicht oder nur

---

12 Vgl. unten S. 52, Anm. 57.
13 Vgl. Der Künstler und seine Zeit (Vortrag in der Universität Uppsala am 14. 12. 1957), in: F 273 u. 275f (E 1082 u. 1084).

in ganz geringem Maße gegeben sind. Außerdem ist es immer schwierig, ein einmal entstandenes Image zu korrigieren.

Nachtrag

In einigen Arbeiten aus der Schule Voegelins findet man kurze positive Erwähnungen von Camus' »L'Homme révolté«: H. J. HERWIG, *Therapie der Menschheit. Studien zur Psychoanalyse Freuds und Jungs.* München 1969, 105–107 u. 115–117; T. SCHABERT, *Natur und Revolution. Untersuchungen zum politischen Denken im Frankreich des achtzehnten Jahrhunderts.* München 1969, 43 sowie auch ders., *Gewalt und Humanität. Über philosophische und politische Manifestationen von Modernität.* Freiburg/München 1978, 285f; ders., *Modernität und Geschichte. Das Experiment der modernen Zivilisation.* Würzburg 1990, 43 u. 78.

Wie ein Gespräch zwischen G. GRASS, O. NEGT, J. STRASSER u. H. WERNICKE (Juni 1985) über Ernst Bloch und Camus zeigt (vgl. *Sisyphos und der Traum vom Gelingen,* in: L'80, Zeitschrift für Politik und Literatur, Heft 35. Köln 1985, 19–36), fühlt sich insbesondere auch Günter Grass durch die »Auseinandersetzung zwischen Sartre und Camus Anfang der 50er Jahre nachhaltig beeinflußt« (22); er geht sogar so weit zu formulieren: »Ich schlage folgendes Gedankenspiel vor: Stellen wir uns Camus und Sartre als politische Akteure in der Französischen Revolution vor. Für mich ist klar, daß Camus auf seiten der Gironde steht und während des ›Schreckens‹ auf dem Schafott endet, sein Todesurteil unterschrieben von Sartre.« (30) – S. auch D. HENSING, *Günter Grass und die Geschichte – Camus, Sisyphos und die Aufklärung,* in: *Günter Grass – Ein europäischer Autor?* Hrsg. v. G. Labroisse u. D. van Stekelenburg. Amsterdam/Atlanta, GA 1992, 87–121.

Obwohl es nicht unmittelbar zum Thema dieses Aufsatzes gehört, sei vermerkt, daß sich Hannah Arendt sehr positiv über Camus geäußert hat; die Frage der Rezeption stellte sich für sie freilich nicht; vgl. ihre Briefe an Jaspers vom 17. 8. u. 11. 11. 1946, in: *H. Arendt/ K. Jaspers, Briefwechsel 1926–1969,* hrsg. v. L. Köhler u. H. Saner, München/Zürich 1985, 92 u. 102f; E. YOUNG-BRUEHL, *Hannah Arendt. Leben, Werk und Zeit.* Frankfurt/M. 1986 (amerik.: New Haven/London 1982), 308 u. 390f (auch Fischer TB 10531 [1991]).

II

Politische Philosophie und Geschichtsphilosophie in »L'Homme révolté«

Es scheint, als sei – auch hierzulande – über Camus alles Wesentliche bekannt. Gleichwohl werden immer noch neue Untersuchungen über ihn geschrieben.[1] Wenn ich recht sehe, ist das Interesse
an Camus im deutschsprachigen Bereich, soweit es romanistisch-lite-
raturwissenschaftlich, philosophisch und theologisch orientiert ist,
nach wie vor relativ breit; demgegenüber fällt auf, daß die Aufmerk-

---

1 Vgl. J. HENGELBROCK, *Albert Camus. Ursprünglichkeit der Empfindung und Krisis des Denkens*. Freiburg/München 1982; M. LAUBLE, *Sinnverlangen und Welterfahrung. Albert
Camus' Philosophie der Endlichkeit*. Düsseldorf 1984; A. PIEPER, *Albert Camus*. München
1984; M. RATH, *Albert Camus: Absurdität und Revolte. Eine Einführung in sein Werk und die
deutsche Rezeption*. Frankfurt 1984; H. WERNICKE, *Albert Camus. Aufklärer – Skeptiker –
Sozialist. Essay über einen Entwurf vom brüderlichen Menschen*. Hildesheim/Zürich/New
York 1984; M. YADEL, *La CHUTE von Albert Camus – Ansätze zu einer Interpretation*. Bonn
1984; K. KREINER, *»Exil« und »Reich« als Grundpole im Denken Albert Camus' und Ernst
Blochs*. Frankfurt/Bern/New York 1985.
   Unter dem hier im Vordergrund stehenden Aspekt seien außerdem genannt:
G. STUBY, *Recht und Solidarität im Denken von Albert Camus*. Frankfurt 1965; F. H. WILL-
HOITE JR., *Beyond Nihilism. Albert Camus' Contribution to Political Thought*. Baton Rouge
1968; R. NEUDECK, *Die politische Ethik bei Jean-Paul Sartre und Albert Camus*. Bonn 1975
sowie: M. CODACCIONI, *Le Procès d'une époque: Essai sur la pensée politique d'Albert Camus*.
(Unveröffentlichte Thèse pour le doctorat en droit) Aix-en-Provence 1966.
   Zur Bibliographie vgl. R. GAY-CROSIER, *Camus*. Darmstadt 1976; O. KLAPP (Hrsg.),
Bibliographie der französischen Literaturwissenschaft. Frankfurt 1956ff und vor allem
R. F. ROEMING, *Camus Microfiche Bibliography* [11] 1993 (The Golda Meir Library, The
University of Wisconsin, Milwaukee). Erwähnt seien noch die Biographien von
H. R. LOTTMAN, *Albert Camus*. Paris 1978 (deutsch: Hamburg 1986); M. ARDIZIO,
Camus. Paris/Gembloux 1982; R. GRENIER, *Albert Camus – soleil et ombre. Une biographie
intellectuelle*. Paris 1987; B. SÄNDIG, *Albert Camus. Eine Einführung in Leben und Werk*.
Leipzig 1983, [2]1988, [3]1992; dies., *Camus*. Reinbek (romono) 1995; H. FELDHOFF,
Paris. Algier. Die Lebensgeschichte des Albert Camus. Weinheim/Basel 1991 sowie auch
der vorzügliche Bildband von J. LENZINI, *L'Algérie de Camus*. Aix-en-Provence (Edisud) 1987.

samkeit, die man den politischen Ideen Camus' entgegenbringt, vergleichsweise gering ist, obwohl die Arbeiten von Rupert Neudeck und Horst Wernicke in dieser Hinsicht deutliche Akzente gesetzt haben. Freilich ist in fast jeder Arbeit über Camus, wenn es die Themenstellung zuläßt, auch von »politischen« Problemen die Rede, doch aufs Ganze gesehen scheint mir das Urteil berechtigt, daß der »politische Camus« bislang im deutschsprachigen Raum zu wenig beachtet wurde.

Ich kann hier nicht der komplexen Frage nachgehen, warum das so war und ist.[2] Auch möchte ich nicht behaupten, daß es nur Camus' Ideen über das Politische sind, die vernachlässigt wurden. Während sich das öffentliche und auch das »wissenschaftlich«-spezielle Interesse primär den Büchern »Der Fremde« (1942), »Der Mythos von Sisyphos« (1942), »Die Pest« (1947), »Der Fall« (1956) sowie einigen Dramen zuwandte, blieben die Essay-Sammlungen »Hochzeit des Lichts« (französisch: »Noces«, 1938) und »Heimkehr nach Tipasa« (französisch: »L'Eté«, 1954) und manches andere im Hintergrund. Von diesen Arbeiten, aber auch von den Tagebüchern und nicht wenigen, aus unerfindlichen Gründen nicht übersetzten Texten darf gesagt werden, daß man sie, wenn überhaupt, oft nur heranzieht, um die bekannteren Werke zu erläutern. Daß die erst 1983 veröffentlichte Korrespondenz zwischen Camus und (seinem Lehrer) Jean Grenier noch wenig Berücksichtigung fand, versteht sich von selbst.

Was nun das Buch »L'Homme révolté« betrifft, so hat man es fast nur in der Art der auswählenden Wahrnehmung zur Kenntnis genommen; zugespitzt formuliert: man hat sich im wesentlichen auf das Schlußkapitel gestürzt, das den Titel trägt: »La pensée de midi«, und hat diese Seiten, gewiß nicht zu Unrecht, als Camus' politisches Programm gelesen, aber allzu wenig auf den »Weg« geachtet, auf dem Camus in langen Kapiteln zu diesem Schlußabschnitt hinführt. (Ich stimme daher Brigitte Sändigs nicht nur für die DDR gültigem Urteil zu, das Buch werde viel besprochen und wenig gelesen.[3]) Auch dort, wo man sich mit den einzelnen Kapiteln, vor allem mit denen über die metaphysische und die historische Revolte, näher befaßt, wird im all-

---

2 Vgl. im vorliegenden Band S. 18–28.
3 Vgl. B. SÄNDIG, *Albert Camus* a.a.O., 1. Auflage, 147.

30

gemeinen zu wenig deutlich, daß ihnen nicht nur eine illustrative, sondern eine argumentative Bedeutung zukommt. Ich spreche deswegen sehr bewußt von einer für Camus charakteristischen Form der »Vermittlung« dessen, was der Schlußabschnitt als Proklamation seiner politischen Ideen, seiner »politischen Philosophie« vorträgt.

Das Buch »L'Homme révolté« scheint auch hierzulande ein größeres Publikum erreicht zu haben, hielt man es doch für erforderlich, einer ersten Übersetzung von Justus Streller, die im Jahre 1953 bei Rowohlt erschien, 1969 eine zweite folgen zu lassen, als rororo-Taschenbuch Nr. 1216/1217, von der dem Leser folgendes mitgeteilt wird: »*Aus dem Französischen übertragen von Justus Streller.* Neu bearbeitet von Georges Schlocker unter Mitarbeit von François Bondy«.[4] Aber auch wenn man daraus schließen mag, daß ein größeres Interesse an diesem Buch bestand, kann man sich angesichts der Camus-Literatur des Eindrucks nicht erwehren, daß das Buch gemäß seiner Konzeption und Logik nicht zur Kenntnis genommen wurde, sondern daß man, den Nachvollzug der von Camus verlangten Vermittlung sich ersparend, direkt und unvermittelt auf das »Fazit« zuging und auf diese Weise Camus allzu bald als Apologeten des Maßes und Befürworter des »Dialogs« in einem ziemlich vagen Sinne in Anspruch nahm. Dieser Camus galt dann lediglich als integrer und willkommener Sprecher der westlich-»bürgerlichen« Demokratie; dabei wurde, jedenfalls in der deutschsprachigen Camus-Rezeption, oft übersehen, daß Camus sich stets als ein Mann der französischen Linken, genauer: als Vertreter eines *libertären Sozialismus* – im Unterschied zu einem autoritären oder totalitären Sozialismus – verstanden hat. Dieser Fehler erklärt sich daraus, daß man im »bürgerlichen« Bildungsmilieu überhaupt nicht wußte und nicht wahrnahm, was »libertärer Sozialismus« französischer Tradition ist, und daß selbst im deutschen Sozia-

---

4 Die Qualität der Übersetzung von 1969 darf ohne Übertreibung als skandalös bezeichnet werden. Dazu vgl. etwa H. R. SCHLETTE/M. YADEL, *Albert Camus: L'Homme révolté. Einführung und Register.* Essen 1987, 115–122. Ein genauer Vergleich der beiden Übersetzungen wäre nützlich; in nicht wenigen Fällen scheint mir die erste präziser. Bereits der deutsche Titel »Der Mensch in der Revolte« kann nicht überzeugen; man würde doch z. B. »homo sapiens« nicht mit »Der Mensch in der Weisheit«, »homo ludens« nicht mit »Der Mensch im Spiel«, »homo faber« nicht mit »Der Mensch im Handwerk« übersetzen.

lismus bzw. in der deutschen Sozialdemokratie die Kenntnis dieses »libertären Sozialismus« und auch das Interesse an ihm ziemlich gering waren. Ob es in dieser Hinsicht mit der außerdeutschen Camus-Rezeption – von der französischen abgesehen – besser bestellt war und ist, kann hier nicht untersucht werden.[5]

Wenn also in bezug auf die Rezeption des *politischen* Camus in der Bundesrepublik ein Nachholbedarf besteht, so heißt das zunächst ganz konkret, daß das Buch »L'Homme révolté« genauer und sorgfältiger zu studieren ist.[6] Camus selbst hat, unter für ihn schwierigen gesundheitlichen und psychologischen Bedingungen, jahrelang an diesem Buch gearbeitet, auf dessen Thematik sich bereits seit 1942 Hinweise in den Tagebüchern finden.[7] Auf dem Hintergrund seiner politischen Erfahrungen im französischen Algerien, seines leidenschaftlichen und permanenten Engagements für die spanischen Republikaner, seiner Tätigkeit im Widerstand gegen die deutschen Okkupanten und seiner Einschätzung der Situation in Frankreich nach der Befreiung wollte er seine Sicht der neuzeitlichen Geschichte und der nunmehr erforderlichen Politik als sein persönliches Zeugnis darstellen.[8] 1957 hat Camus in Schweden, als er den Literatur-Nobelpreis entgegennahm, in einem Interview erklärt, daß seine Entscheidung, »L'Homme révolté« zu schreiben, zu denen gehörte, die ihm am wich-

---

5 Vgl. R. QUILLIOT, *Camus et le socialisme*, in: Camus et la politique, a.a.O. 31–38, ferner die Beiträge von J. KWIATKOWSKI (über Camus in Polen), I. YANNAKAKIS (in der Tschechoslowakei), F. DI PILLA (in Italien) und R. DADOUN (Camus und der Anarchismus) ebd. 45–51, 53–59, 69–92, 257–267; s. außerdem die wichtige Studie von T. VERTONE, *L' œuvre et l'action d'Albert Camus dans la mouvance de la tradition libertaire*. Lyon 1985; als Dokumentation interessant ist in diesem Zusammenhang auch das Heft 26 der Reihe »Volonté anarchiste«: »Albert Camus et les libertaires«. Paris (Fresnes-Antony, Fédération anarchiste) 1984.

6 Dabei sind natürlich die übrigen Schriften Camus', auch die Dramen und insbesondere seine politischen Aufsätze aus den Jahren 1944–1952 mit heranzuziehen (vgl. Actuelles I und II, in: E 251–406 und 713–804; einiges hiervon findet man in: Fragen der Zeit. Reinbek 1960.

7 Vgl. Tgb. I, 124, 162, 166, 169f (C I, 245, II, 68, 75, 81f). Von »Revolte« ist auch schon in »Der Mythos von Sisyphos« (1942) die Rede, vgl. MS 49f (E 138f). S. auch: B. GROS, *L'Homme révolté. Analyse critique*. Paris (Hatier) 1977, 19–26.

8 Vgl. Entretien sur la révolte. Gespräch mit P. Berger, in: Gazette des Lettres, 15. 2. 1952, in: Actuelles II. Chronique 1948–1953. Paris 1953 (zitiert nach: E 737–743).

tigsten waren.[9] Auch die Intensität, mit der er das Buch gegen Angriffe von verschiedenen Seiten, insbesondere von Sartre, verteidigt hat,[10] bestätigt, wie sehr ihm an diesem Werk gelegen war.

Sein Verständnis der »Revolte« hatte er bereits 1950 in dem von Jean Grenier bei Gallimard herausgegebenen Band »L'Existence«, an dem sich Autoren wie M. de Gandillac, E. Gilson, L. Lavelle, B. Parain u. a. beteiligt hatten, in seinem Beitrag »Remarque sur la révolte« dargelegt; auch wenn er diesen Aufsatz im wesentlichen in das Buch übernommen hat und einzelne andere Abschnitte des Buches bereits vor dessen Veröffentlichung in Zeitschriften erschienen sind[11], hat Camus dieses Buch immer als ein Ganzes und keineswegs als eine Essay-Sammlung angesehen. Der den deutschen Übersetzungen beigefügte Untertitel »Essays« ist bezeichnenderweise in der französischen Erstausgabe von 1951 sowie der Ausgabe in der »Bibliothèque de la Pléiade« nicht zu finden.

Daß also das Buch in der deutschen politischen Philosophie nicht rezipiert wurde oder jedenfalls nicht so gelesen und aufgenommen wurde, wie Camus es gemeint hatte, erklärt sich vor allem dadurch, daß sich die politische Philosophie in Deutschland seit langem in ihren eigenen Bahnen bewegt und ihr eine »Rezeption« Camus' in keiner Weise angemessen und erforderlich erschienen sein dürfte; er vermochte ihr offenbar nichts zu sagen – ebensowenig wie ein Proudhon, ein Gustav Landauer und selbst der Martin Buber der Schrift »Pfade in Utopia« (1950), die von der deutschen politischen Philosophie zu deren eigenem Schaden ignoriert wurden. Der Einfluß Kants

---

9 Vgl. Die Wette unserer Generation. Interview in: Demain, 24. 10. 1957, in: F 255 (E 1901). In einem Brief an René Char vom 16. 4. 1952 nannte er »L'Homme révolté« sogar »mein wichtigstes Buch« (E 1629).

10 Vgl. die unter dem Titel »Lettres sur la révolte« in: »Actuelles II« zusammengestellten Texte: E 729–774.

11 Der 1948 in der Zeitschrift »La Table Ronde«, Nr. 1, S. 42–50 erschienene Aufsatz »Les meurtriers délicats« und der 1949 in der Zeitschrift »Empédocle«, Nr. 1, S. 19–27 erschienene Aufsatz »Le meurtre et l'absurde« wurden in überarbeiteter Form in »L'Homme révolté« aufgenommen; die 1951 erschienenen Aufsätze »Lautréamont et la banalité« (in: Cahiers du Sud, Nr. 307, S. 399–404) und »Nietzsche et le nihilisme« (in: Les Temps Modernes, Bd. 7, Nr. 70, S. 193–208; deutsch bereits im selben Jahr in: Der Monat, 4. Jg., Heft 39, S. 227–236) sind mit dem Wortlaut in »L'Homme révolté« praktisch identisch.

und Hegels (nicht zu reden von Platon, Aristoteles, Thomas von Aquin und vielen anderen aus einer langen Tradition) und der Schrecken, den Marx dieser Philosophie eingejagt hatte, waren und sind so mächtig, daß Ideen des Sozialismus, selbst des dissentistisch-libertären, hier wenig Chancen hatten und haben. Es hat indes, insbesondere für das »linke« Spektrum, auch eine Rolle gespielt, daß die von Sartre und seinem Kreis ausgehende Polemik Camus als ein philosophisch-politisches Leichtgewicht hinstellte, als den Vertreter einer bloßen Moral, die in der Politik allemal scheitern müsse, und folglich als jemand, der Geschichte und Geschichtsphilosophie zugunsten eines nebulösen Begriffs von (menschlicher) Natur verabschiedet habe[12], und selbst wo man Sympathien für Camus' Anti-Stalinismus hegte – man erinnere sich, daß Stalin am 5. März 1953 gestorben ist –, schien man seiner Argumentation in dieser Hinsicht nicht zu bedürfen, war man doch selbst bereits, aus welchen philosophischen und sonstigen Gründen auch immer, anti-stalinistisch und in diesem Sinne auch anti-kommunistisch, so daß man Camus nur als einen willkommenen Zeugen *mehr* für die eigene Position in der Zeit des Kalten Krieges begreifen und bemühen konnte.

Dabei entging einem freilich und entgeht einem bis auf den heutigen Tag Wesentliches: einmal die Position jenes »libertären Sozialismus«, zum anderen aber auch die weit zurückreichende kritisch-historische Erinnerung, aus der heraus Camus zu erkennen und zu bewerten suchte, was er auf der geistigen und politisch-sozialen Ebene der europäischen Moderne etwa seit der Französischen Revolution sich ereignen sah, nämlich die Erneuerung, ja die kulturgeschichtliche Transposition des Konflikts zwischen griechischem und jüdisch-christlichem Denken, den Camus für den Fundamentalkonflikt der westlichen Kultur überhaupt hielt und der sich nach seiner Überzeugung bis in unsere Gegenwart hinein auswirkt.[13] Wenn man sieht, daß

---

12 Zur Kritik an »L'Homme révolté« vgl. den Überblick bei PH. THODY, *Albert Camus.* Frankfurt/Bonn 1964, 163–189, speziell 172–179.

13 In einer Tagebuchnotiz vom Beginn des Jahres 1951 heißt es bezeichnenderweise: »Den Übergang vom Hellenismus zum Christentum genauer untersuchen, diesen wahren und einzigen Wendepunkt der Geschichte.« (Tgb. I, 309; C II, 342) Vgl. E. BARILIER. *Albert Camus – philosophie et littérature.* Lausanne 1977, 15–53; H. R. SCHLETTE, *Albert Camus: Welt und Revolte.* Freiburg/München 1980, 78–83.

in Camus' Perspektive eine – auf den ersten Blick sicherlich überraschende – Kohärenz besteht, die von dem Gegensatz »griechisch / jüdisch-christlich« bis hin zu der Option für den libertären Sozialismus im Unterschied zu jedem anderen reicht, so kann man sich nicht vor der Konsequenz verschließen, daß Camus eine Konzeption entfaltet hat, die, wie andere politische Theorien auch, das Politische nicht kurzatmig-aktualistisch interpretiert, sondern aus seiner Verflochtenheit mit fundamentalen Problemen der Philosophie- und Religionsgeschichte sowie der Sozialgeschichte, der Anthropologie und letztlich der »Ontologie« im weitesten Sinne des Wortes, d. h. der Einschätzung dessen, was überhaupt ist.

Weil und insofern Camus aus einem so weit ausholenden Ansatz sein Denken über die Geschichte und die heute notwendige Politik darstellt (und sich dabei der in Frankreich nicht ungewöhnlichen Schreibweise eines »écrivain« bedient und sich nicht dem Reglement eines Fachphilosophen unterwirft), ist es verständlich und berechtigt, mit der Tradition und den »Quellen« so umzugehen, wie er es tut; oder anders gesagt: es macht keinen Sinn, daß Philip Thody kritisch einwendet, Camus erwähne auf »dreihundertachtundsiebzig Seiten ... einhundertsechzig verschiedene Schriftsteller, von Rimbaud bis Milton und von Petrus Borel bis Bossuet« sowie »sechsundneunzig historische Gestalten« und »zwanzig Gestalten aus dem Reich der Dichtung und der Sage«[14]; auch der Ausdruck »Leseergebnisse«, den Brigitte Sändig verwendet[15], scheint mir mißverständlich. Bekanntlich zitiert z. B. auch ein Ernst Bloch im »Prinzip Hoffnung« eine Fülle von Namen, und wenn Camus etwa den totus Hegel oder auch den totus Marx erst hätte lesen, exzerpieren und verarbeiten sollen – samt der zugehörigen »Literatur« –, so wäre er vielleicht ein entsprechender Spezialist, niemals aber er selbst geworden, und niemand würde sich heute, nach bald vierzig Jahren, noch für seine Spezialuntersuchungen interessieren – wie es das (man mag sagen: traurige) Schicksal so vieler sorgfältiger und zugleich steriler akademischer Abhandlungen ist.

Freilich soll hier nicht bestritten werden, daß es bisweilen ärger-

---

14 Vgl. Ph. Thody, a.a.O. 164f.
15 Vgl. B. Sändig, a.a.O. 3. Aufl. 201.

lich ist, daß Camus seine Zitate nicht exakt angibt, sich oft wiederholt und vieles nicht so ausgiebig erörtert, wie man es sich historisch und philosophisch wünschen könnte. Formale und sachliche Schwächen des Buches können also nicht geleugnet werden – aber sie sollten nicht zu Vorwänden dafür werden, in die Auseinandersetzung mit den Ideen Camus' erst gar nicht einzutreten. Man täte statt dessen besser daran zu beachten, daß es Camus nicht vergönnt war, nach dem Zyklus über das Absurde und dem über die Revolte noch einen dritten Zyklus über die Nemesis-Idee oder gar über die »Liebe« zu schreiben[16] und dabei auch noch ein drittes »livre d'idées« vorzulegen[17], in dem er seine Position weiter entfaltet und verdeutlicht hätte, und daß es insofern eine Aufgabe bleibt, Camus' Entwurf in seiner ganzen geschichtlichen Breite kritisch zu sichten, zu präzisieren, zu ergänzen und weiterzuführen.

An dieser Stelle müssen wir uns darauf beschränken, die Grundzüge des politischen Denkens Camus' und seines Denkens über die Geschichte, wie sie in »L'Homme révolté« zum Ausdruck kommen, möglichst klar und unmißverständlich zu skizzieren, um einerseits wenigstens eine Anregung zu einer Reflexion zu geben, die bislang zu kurz kam, und andererseits sichtbar werden zu lassen, daß nicht alles so neu ist, wie es scheint, und daß vieles schon besser und deutlicher gesagt worden ist, als manche es vielleicht heute wahrhaben wollen.

Daß politische Philosophie, politische Theorie, Denken über Politik – oder wie immer man sich ausdrücken mag – vielfache und verschiedenartige Voraussetzungen hat, die den unmittelbaren Bereich des Politischen als den des jeweiligen Handelns erst ermöglichen, ist seit den Tagen der ersten Reflexionen über Politik in der Antike offenkundig. Die Ansichten über die Beschaffenheit dieses Hinter- oder Untergrunds von politischer Philosophie und Politik selbst haben sich freilich im Laufe der Jahrhunderte erheblich geändert, was im einzelnen zu schildern hier zu weit gehen würde. Was

---

16 Vgl. Tgb. 1, 300, 302, 311 (C II, 325, 328, 345) sowie eine Mitteilung Camus' in Stockholm 1957 (E 1610). S. auch die Hinweise bei M. LAUBLE, a.a.O. 276f, Anm. 12.

17 Vgl. Entretien sur la révolte, in: E 743. Den Ausdruck »livre d'idées« verwendet Camus in dem Interview in »Les Nouvelles Littéraires« vom 15. 11. 1945 in bezug auf »Le Mythe de Sisyphe«: E 1424.

Camus betrifft, so könnte man seine Meinung auf die Formel bringen: ›Die Entstehung der Politik (und der politischen Philosophie) aus dem Geist der Revolte angesichts des Absurden‹. So jedenfalls stellt er es zu Anfang von »L'Homme révolté« dar, und dies ist auch der Sinn des bekannten Satzes: »Je me révolte, donc nous sommes« – »Ich empöre mich, also sind wir«.[18] Politik, Handeln, Leben, geschichtliches Dasein, die aus der Empörung hervorgehen, erhalten von vornherein eine besondere Schärfe und Radikalität; sie sind von Grund auf anders entworfen und gedacht als jene Art von Politik und politischem Denken, die das Wesen und die Notwendigkeit des Politischen lediglich aus der letzten Endes trivialen Tatsache herleitet, daß niemand allein existiert. Der Mensch als das aristotelische zóon politikón – das ist ja nichts Besonderes, das charakterisiert nur das Ontisch-Normale und hat mit Empörung nichts zu tun, sondern eher umgekehrt mit der Hinnahme dessen, was schicksalhaft-seiend ist. Zwar stand auch hinter Platons Staatstheorie und hinter jener aristotelischen Formulierung die Erfahrung des Widerstands und der Empörung gegen chaotische Realität im menschlichen Miteinander, aber dieser Zusammenhang wird weder von Platon noch Aristoteles für die Wesensbestimmung des Politischen explizit in Anspruch genommen. Auch noch Heideggers »Mitsein« hat mit »Revolte« nichts zu tun, sondern benennt nur einen Befund, der existential-ontologisch interpretiert wird. Ohne die Geschichte der politischen Ideen darauf absuchen zu wollen, wo sich Hinweise auf die »Entstehung des Politischen aus dem Geist der Revolte« finden lassen, fragen wir hier sogleich, was natürlich gefragt werden muß (und worüber schon viel geschrieben wurde): Was ist für Camus das Absurde, gegen das sich die Revolte auflehnt, indem sie das politische »Wir sind« konstituiert?

Das Absurde oder die Absurdität hat für Camus den Charakter der Evidenz, ist also die Basis dessen, was er in einer Tagebucheintragung die »Philosophie der Evidenz« genannt hat[19]; es ist jedoch sogleich hinzuzufügen, daß diese Evidenz für Camus stets den Ausgangspunkt, den »point de départ« für weiteres Denken und Leben

---

18 MR 21, 86, 203f (E 432, 511, 652f).
19 Vgl. Tgb. I, 170 (C II 82f). M. Lauble hat die hier formulierte Unterscheidung zwischen Evidenz- und Präferenzphilosophie seinem Werk »Sinnverlangen und Welterfahrung« zugrundegelegt, a.a.O. 12–52 u. ö.

bildet.[20] Camus ist also von vornherein nicht etwa der Begründer einer pessimistischen und negativistischen Absurditätsphilosophie oder eines Absurdismus (so wie Nietzsche nicht der Begründer des Nihilismus ist), vielmehr macht er mit seinen Zeitgenossen die Erfahrung des Absurden, ist er mit ihnen – aber doch nicht nur mit ihnen, sondern mit allen Menschen – in dieser Erfahrung solidarisch. Daß aber das Absurde für ihn ein »Ausgangspunkt« ist und sein muß, wird deutlicher, wenn man sich den »Gehalt« dieser Erfahrung vergegenwärtigt.

Was Camus dazu bereits in »Der Mythos von Sisyphos« und »Der Fremde« schreibt und zu Beginn von »L'Homme révolté« wieder aufgreift, läßt sich in folgender Weise resümieren: Die Menschen erfahren sich angesichts einer Welt, in der Tod, Leid, Ungerechtigkeit, Glück, Schönheit auf rätselhafte und Anstoß erregende Weise nebeneinander präsent sind, als Fragende, als Wesen, die nach einer überzeugenden Antwort verlangen und nach einer »Einheit«[21] suchen, denen jedoch, wenn sie sich ernstlich an das halten, was sich ihnen zeigt und was sie zu »sehen«, zu erkennen vermögen, die Welt schweigend gegenüber steht. Die »hoffnungslose Kluft (confrontation) zwischen der Frage des Menschen und dem Schweigen der Welt« (MR 9; E 415) wird in der Erfahrung und in der Reflexion des Absurden jedoch nicht als pures Datum passiv hingenommen, sondern als eine Herausforderung interpretiert, als ein Grund zur Aufregung, denn unser Verlangen nach Klarheit und Einsicht[22], das sich nicht ignorieren oder stillstellen läßt, leidet an der Widersprüchlichkeit zwischen seiner Intention und deren Scheitern. Camus sagt nicht, daß die »Welt« »absurd«, sinnlos, nichtswürdig sei (und geht also nicht so weit, wie Roquentin in Sartres »Der Ekel«[23]),, wohl aber, daß unsere Beziehung zu ihr,[24] unsere Existenz in der Welt wegen jener Wider-

20 Vgl. die Vorbemerkung zu: Der Mythos von Sisyphos, MS 8 (E 97); s. auch: MR 11 (E 417); Das Rätsel, in: Heimkehr nach Tipasa, in: LE 166 (E 864).
21 Vgl. MS 20 u. 46 (E 110 u. 135).
22 Vgl. F. Bousquet, Camus le méditerranéen. Camus l'ancien. Sherbrooke 1977, 80–101; M. Lauble, a.a.O. 53–147; A. Pieper, Albert Camus, a.a.O. 66–92.
23 Vgl. J.-P. Sartre, Der Ekel. Stuttgart/Hamburg/Baden-Baden 1949 (französisch: 1938), 170–177.
24 Vgl. MS 23 (E 112f).

sprüchlichkeit und jenes Schweigens »absurd« genannt werden muß, und zwar in dem Sinne, daß diese Absurdität in ihrer agnostischen Verfaßtheit sogleich als schmerzlich, als nicht hinnehmbar, weil dem Verlangen nach Glück, Klarheit, Einheit widerstreitend erlebt wird. Gerade die Erfahrung verschiedener Momente von Positivität – Lauble verweist hier auf die »Übereinkunft mit der Welt als Natur«, die »Begegnung mit dem anderen Menschen in der Liebe«, die »Übereinkunft mit den anderen Menschen im solidarischen Handeln« und die »Sinnerfahrung in der Kunst«[25] – macht Camus bewußt, daß das Absurde nicht einfachhin nihilistisch zu deuten ist, sondern als das rational unerhellbare Ineinander von Negativität und Positivität, d. h. als die Erkenntnis einer existentiellen Zerrissenheit, gegen die sich unser »désir« auflehnt und die wir, soweit möglich, zu überwinden suchen.

Geistesgeschichtlich hat man hierin eine säkularisierende Rezeption der plotinischen Einheitsmetaphysik zu sehen, die Camus insbesondere aufgrund seiner Examensschrift vertraut war.[26] Für das Verständnis Camus' ist es jedoch wichtiger, seine Gedanken über das Absurde und das Verlangen nach Einheit (trotz des nie zu übersehenden biographischen und zeitgeschichtlich-politischen Hintergrunds) als Formulierung einer *jedem* Menschen erschließbaren Evidenzphilosophie aufzufassen, zu der immer auch die Unzufriedenheit und das Aufbegehren gehört. In der Tat wird ja die Absurdität als die Kehrseite des Einheitsverlangens bzw. das Einheitsverlangen als die Kehrseite der Absurdität von Camus niemals nur als purer ontischer oder anthropologischer »Bestand« konstatiert, sondern stets auch als »Ausgangspunkt«.

Philosophisch läßt sich exakt an dieser Stelle eine scharfe Kritik vorbringen: Was erlaubt uns denn, Absurdität und Einheitsverlangen als Ausgangspunkt zu beanspruchen? Was gibt uns das Recht, uns auf diesen »Anfang« zu verlassen? Könnte es nicht sein, daß sich Absurdität und Einheitsverlangen auch anders deuten lassen, z. B. als Reflexe einer langen, inzwischen obsolet gewordenen Überlieferung,

---

25 Vgl. M. Lauble, a.a.O. 114–147.
26 Vgl. A. Camus, *Christliche Metaphysik und Neoplatonismus*. Übers. u. eingeleitet von M. Lauble. (rde 385) Reinbek 1978, speziell 76–103 (E 1269–1293).

als undurchschaute psychische Restbestände sei es einer langen Herkunft, sei es einer beschädigten Kindheit? Ja, letztlich spitzt sich diese
Kritik zu der Frage zu, ob es »philosophisch« zu rechtfertigen sei, das
natürliche Verlangen zu leben, dem es offenbar zuzuschreiben ist, daß
die Absurdität und damit das Einheitsverlangen überhaupt als »Ausgangspunkt« in Anspruch genommen werden können, für vertrauens-
würdig zu halten.

Solchen Einwänden kann allerdings entgegengehalten werden,
daß sie auf eine »Letztbegründung« abzielen, die »philosophisch«
noch nie gegeben wurde und vielleicht überhaupt nicht gegeben werden kann. Auch der totale Pessimismus würde in Anbetracht der –
zugegebenermaßen seltenen – »Funken« von Positivität (um es mit
dieser gnostischen Metapher auszudrücken) uns seine Letztbegründung schuldig bleiben. Ja, ist der Zweifel daran, daß »Leben« überhaupt sein soll, anders zu beantworten (oder wenigstens zu
beschwichtigen) als durch einen Rekurs auf Erfahrungsgehalte, auf
die wir uns allein dadurch bereits stützen, daß wir überhaupt noch
leben und noch atmen? »Atmen heißt urteilen«, schreibt Camus. (MR
11; E 417) Das ist eine Akzeptation des Lebens, wie sie mit größerer
Nüchternheit und Kargheit kaum geleistet werden kann.[27] Camus ist
prosaischer und realistischer als Nietzsche; obwohl er von dessen Lust
(zum Leben), die Ewigkeit will, und von dessen Liebe zu den Griechen in besonderem Maße fasziniert war[28], hat Camus doch sein
philosophisch vielleicht nie einzuholendes Ja zum Leben nicht einfach
»von Nietzsche«, sondern aus seiner eigenen Erfahrung des Lebens
oder genauer: der Welt als Natur, wie dies in der Camus-Literatur
schon des öfteren dargelegt wurde.[29] Sehr nachdenkens- und meditie-

---

27 Camus' Verwendung des Wortes »Leben« verdient eine eigene Untersuchung.
28 Vgl. B. ROSENTHAL. *Die Idee des Absurden. Friedrich Nietzsche und Albert Camus.* Bonn
    1977, speziell 15–30; s. auch: M. WEYEMBERGH, *Camus et Nietzsche: évolution d'une
    affinité,* in: Albert Camus 1980: Second International Conference, February 21–23,
    1980, hrsg. v. R. Gay-Crosier. Gainesville 1980, 221–230.
29 Vgl. L. COHN, *La nature et l'homme dans l'œuvre d'Albert Camus et dans la pensée de
    Teilhard de Chardin.* Lausanne 1975; E. BARILIER, a.a.O. 55–73; H. R. SCHLETTE,
    Camus' Aktualität im Spannungsfeld der Antithese ›Natur – Geschichte‹, in: Der unbe-
    kannte Camus. Zur Aktualität seines Denkens, hrsg. v. M. Lauble. Düsseldorf
    1979, 106–138; ders., Zur Interpretation der Natur, im vorliegenden Band S. 87-
    104.

renswert ist in dieser Hinsicht der bekannte Satz aus dem Vorwort der Neuausgabe von »Licht und Schatten« (1958): »Das Elend hinderte mich, zu glauben, daß alles unter der Sonne und in der Geschichte gut sei; die Sonne lehrte mich, daß die Geschichte nicht alles ist. Das Leben ändern, ja, nicht aber die Welt, die ich zu meiner Gottheit machte.«[30]

Ich möchte nicht der Versuchung nachgeben, den totalen und durch nichts zu erweichenden Zweifel daran, daß Leben überhaupt sein soll, als einen typisch deutschen Radikalismus zu bezeichnen; jedenfalls empfiehlt die Geschichte der Menschheit, wenn man sie nicht nur in rationalistisch fixierter Verengung betrachtet, sondern die in ihr – trotz der schier unausdenkbaren Fülle und Macht der Negativität – auch zu bemerkenden Momente der Schönheit, der Liebe, der Hoffnung und des immer neuen Ringens um Menschlichkeit, Recht und Frieden erkennt und würdigt, eher die Bejahung des Lebens als dessen prinzipielle und absolute Negation. Eine solche Reflexion mag philosophisch als »Argument« nicht ausreichen, so daß (auch hier) ein letzter, zugleich analytischer und änigmatischer Agnostizismus[31] bleibt. Dies bedeutet jedoch, daß man es mit dem Anspruch auf philosophische Verbindlichkeit nicht für schlechthin unseriös und unzulässig erklären kann, für das Leben – und das Weiterleben – zu optieren. Insofern Camus dieser Art Affirmation folgt, liegt in seiner Bestimmung der Absurdität und des Verlangens nach Einheit, Klarheit, Glück, Schönheit immer auch schon das Moment der Revolte – gegen alle das menschliche Leben eingrenzenden und erniedrigenden Kräfte, Umstände, Ereignisse –, so daß es eines Übergangs »vom« Absurden »zur« Revolte im Grunde gar nicht bedarf: So, wie Camus das Absurde begreift, begreift er damit zugleich die Revolte. Sie ist der lautere Protest gegen den Tod und die Unterdrückung und in ihrer Evidenz wie das Absurde dem cartesianischen Cogito vergleichbar, denn an ihrem »Schrei« kann sie nicht mehr zweifeln. »Ich rufe, daß ich an nichts glaube und daß alles absurd ist, aber ich kann an meinem Ausruf nicht zweifeln, und zum mindesten muß ich an meinen

---

30 LE 10 (E 6).
31 Zu dieser Terminologie vgl. H. R. SCHLETTE, *Vom Atheismus zum Agnostizismus*, in: Der moderne Agnostizismus, hrsg. v. H. R. S. Düsseldorf 1979, 216–219 u. 223.

Protest glauben. Die erste und einzige Gewißheit, die mir so im Innern der absurden Erfahrung gegeben ist, ist die Revolte. Bar allen sicheren Wissens, gedrängt, zu töten oder einem Totschlag beizustimmen, besitze ich nur diese Gewißheit, die sich noch verstärkt durch die Zerrissenheit, in der ich lebe. Die Revolte keimt auf beim Anblick der Unvernunft, vor einem ungerechten und unverständlichen Leben. Aber ihre blinde Wucht fordert die Ordnung inmitten des Chaos und die Einheit inmitten dessen, was flieht und verschwindet. Sie schreit, sie fordert, sie verlangt, daß der Skandal aufhöre und daß zu fester Form zusammentrete, was bisher ohne Unterlaß ins Wasser geschrieben wurde. Ihr Ziel ist, umzuformen.« (MR 13; E 419) Was hier mit »umformen« übersetzt ist, heißt französisch »transformer« und bedeutet »verändern«; das Wort steht auch in der französischen Fassung der elften Feuerbach-These von Marx,[32] hat also eine durchaus kritische, aggressive Bedeutung. Die Camus'sche Revolte zielt somit darauf ab, die Absurdität, soweit sie nicht als anthropologisches Datum unaufhebbar ist, zu überwinden, d. h. in dem Chaos, das diese Lebenswelt ist, eine »Ordnung« aufzurichten, die das Leben aller als ein Leben ohne Mord, Gewalt, Terror, Lüge, Ausbeutung, Unfreiheit und Ungerechtigkeit möglich macht. In diesem erfüllten und sehr konkreten Sinn intendiert die Revolte »Frieden« als die Verwirklichung des menschlichen »Wir sind«.

Die Revolte muß also »politisch« sein, denn sie schließt die Revoltierenden zusammen, verweist sie auf ihre Möglichkeiten und auf ihre Bestimmung und macht ihnen bewußt, daß sie nicht dazu da sind, neue Absurdität hervorzubringen. Die Revolte lebt aus einem lauteren Aufbegehren. »Was ist ein Mensch in der Revolte? Ein Mensch, der nein sagt. Aber wenn er ablehnt, verzichtet er doch nicht, er ist auch ein Mensch, der ja sagt aus erster Regung heraus.« (MR 14; E 423) Camus zeigt nun aber, wie die Revolte in ihrem Kampf gegen die ungerechten Bedingungen des Menschseins überhaupt (d. h. als »metaphyische Revolte«) und gegen eine Geschichte voll Blut und Tränen, Ungerechtigkeit und Unfreiheit (d. h. als »historische Revolte«) immer wieder in die Situation geraten ist, sich selbst, ihre

---

32 »Les philosophes n'ont fait qu'*interpréter* le monde de différentes manières, mais il s'agit de le *transformer*.«

eigenen Quellen und damit ihre Integrität zu verraten, indem sie zu Formen des Kampfes überging, die ihrem Imperativ nicht mehr entsprachen; das heißt in der von Camus gebrauchten Terminologie: Die Revolte wurde immer wieder zur Revolution.

Die metaphysische Revolte, die ihre Kraft und Leidenschaft aus dem alten Theodizee-Thema gewinnt, wird zu einer atheistisch-nihilistischen Revolution, die den Adressaten des metaphysischen Protests gegen das Böse und das Leiden als Ziel dieses Protests beseitigt und in der selbstzerstörerischen Raserei de Sades, der Egomanie Stirners und der gefährlichen und mißdeutbaren »Vergöttlichung des Schicksals (fatalité)« bei Nietzsche (MR 61, vgl. 63f; E 482, vgl. 484f) endet.

Die historische Revolte – sie beginnt bei Camus mit Spartacus, seinem »Aufstand« und seinem »Martyrium« (vgl. MR 90f; E 518–520) – wird immer wieder korrumpiert durch eine Radikalisierung, die jene Grenze nicht anerkennt, die die Revolte als Kampf gegen die Absurdität in sich enthält, und bringt deshalb als »Revolution« neues Unrecht, neue Gewalt, neues Chaos hervor. Camus exemplifiziert dies – ohne die jeweiligen Verschiedenheiten zu verkennen – am Verlauf der Französischen Revolution, an den Aktivitäten der russischen Revolutionäre des 19. Jahrhunderts sowie an dem »befremdlichen und erschreckenden Wachsen des modernen Staates« (MR 144; E 583), welche Entwicklung den »irrationalen« Terror des Nationalsozialismus bzw. das Faschismus und den »rationalen« Terror der sowjetischen Herrschaft ermöglicht hat.

Politische Philosophie entwirft Camus somit in kritischem Durchgang durch die europäische Geschichte, speziell die der letzten zwei Jahrhunderte, und auch wenn seine Darstellung, wie er selbst sehr wohl weiß[33], unvollständig ist, so kann er an den analysierten Stationen doch zeigen, wohin der Verrat an der Revolte, das Sich-Entfernen von ihrer wesenhaften, die Transformation des Chaos intendierenden Lauterkeit geführt hat. Erst auf diesem Hintergrund gewinnt das Plädoyer für die wahre Revolte, wie Camus es im Schlußkapitel vorträgt, seine Überzeugungskraft. Was Camus hier als »seine« politische Philosophie, als »seine« Konzeption eines libertären Sozialismus pro-

---

33 Vgl. L'Entretien sur la révolte, in: E 743 sowie auch MR 13 (E 420).

grammatisch formuliert, ist demnach sein Fazit aus der Kritik der neueren politischen Geschichte Europas, aber zugleich noch mehr als dies: Es ist auch die Konsequenz aus einer geschichtsphilosophischen Deutung, die wesentlich zu seiner Beschreibung und Analyse gehört.

Was man unter »Geschichtsphilosophie« des näheren verstehen kann und soll, ist durchaus nicht ein für allemal festgelegt[34], doch ist dies sicherlich nicht der einzige Grund, der die Rede von den »Schwierigkeiten mit der Geschichtsphilosophie«[35] erklärt. Ob beispielsweise die Reflexion über einen mutmaßlichen Anfang und ein mutmaßliches Ende des (einen) Wegs der Menschheit, die Reflexion über »Ursprung und Ziel«, wie Jaspers es ausgedrückt hat,[36] für die Geschichtsphilosophie konstitutiv und notwendig ist, läßt sich wegen der Entzogenheit von Anfang und Ende bezweifeln. Jedenfalls hat es Geschichtsphilosophie mit der uns überschaubaren Wegstrecke zu tun und hat sie nach den sie prägenden Faktoren oder gar den leitenden »Gesetzen« zu fragen, ja sie hat nicht zuletzt die Frage zu stellen, wer eigentlich die Geschichte »macht«, wer ihr sogenanntes »Subjekt« ist, ob sie von einem oder von mehreren »Subjekten« gemacht wird und wie es sich dabei mit der viel gepriesenen »Freiheit« des und der Menschen verhält.[37] Es ist offenkundig, daß Camus nicht eine irgendwie systematische und umfassende Geschichtsphilosophie hat schreiben wollen, aber das bedeutet keineswegs, daß er für die Realität der »Geschichte« blind oder an ihr desinteressiert gewesen wäre, wie man ihm vorgeworfen hat.[38] Was Camus vorlegt, ist zunächst einmal eine

---

34 Vgl. U. DIERSE/G. SCHOLTZ, *Geschichtsphilosophie*, in: Historisches Wörterbuch der Philosophie, hrsg. v. J. Ritter. III (Basel/Stuttgart 1974), 416–439.

35 Vgl. O. MARQUARD, *Schwierigkeiten mit der Geschichtsphilosophie. Aufsätze*. Frankfurt 1973, speziell 13–33 u. 66–82.

36 Vgl. K. JASPERS. *Vom Ursprung und Ziel der Geschichte*. München 1949.

37 Vgl. H. R. SCHLETTE, *Wer macht die Geschichte?* In: Kindlers Enzyklopädie Der Mensch, hrsg. v. H. Wendt u. N. Loacker. V (Zürich 1983), 391–415 (Lit.); auch in ders., *Konkrete Humanität. Studien zur Praktischen Philosophie und Religionsphilosophie*, hrsg. v. J. Brosseder, N. Klein, E. Weinzierl. Frankfurt/M. 1991, 87–111.

38 Vgl. vor allem J.-P. SARTRE, *Antwort an Albert Camus* (zuerst in: Les Temps Modernes 8 [1952], Nr. 82, S. 317–333), in: ders., *Porträts und Perspektiven*. Reinbek 1968, 86f u. 98–100; s. neuerdings I. BIRCHALL, *Camus contre Sartre – quarante ans plus tard*, in: Albert Camus – Les Extrêmes et l'équilibre, a.a.O. 129–150.

44

sektorale Geschichtsphilosophie, weil er nur die europäische Geschichte thematisiert, und sodann eine »offene« Geschichtsphilosophie, die man auch als »aporetische«[39] bezeichnen kann, weil er nicht vorgibt, alles über die Geschichte zu wissen, aber auch weil er eine Blickrichtung, die allein auf die Geschichte fixiert ist – Camus nennt dies die »pensée purement historique« (vgl. MR 203f, 234; E 652f, 692) –, ablehnt.

Gerade darin, daß die Geschichte für ihn »nicht alles« ist, liegt die Geschichtsphilosophie, um die es Camus geht. Der Ausgleich von »Geschichte« und »Natur«, um den Camus sich in Auseinandersetzung mit den »Meisterdenkern« Hegel, Marx und Nietzsche bemüht, ist das zentrale Thema dieser Geschichtsphilosophie, die eben damit ihre Querverbindungen zu Ontologie[40], Anthropologie und Ethik zu erkennen gibt. Camus diskutiert indes das Problem des Spannungsverhältnisses von Natur und Geschichte nicht systematisch-abstrakt, sondern im Rahmen seiner sektoralen Geschichtsphilosophie, d. h. er erörtert die Wirkweise, wenn man will: die Wirkungsgeschichte zweier Grundimpulse, die für die europäische Geschichte bis heute maßgeblich geblieben sind, nämlich des »griechischen« und des »jüdisch-christlichen« Impulses. Camus sieht in ihnen keineswegs die einzigen Faktoren, die unsere Geschichte gestaltet haben und noch gestalten; so hat er, was oft übersehen oder verkannt wird, in seinem Kapitel über Marx dessen Diagnose in ihren wesentlichen Grundzügen akzeptiert (vgl. MR 169f; E 613) und weiß er sehr genau, daß in der Geschichte ganz konkret um Befreiung[41] und Gerechtigkeit gekämpft wird. Er unterliegt also nicht der Gefahr, Geschichte idealistisch als Geistes- oder Ideengeschichte aufzufassen. Außer den politischen Geschehnissen, Kämpfen, Entwicklungen, den ökonomischen und technisch-wissenschaftlichen Faktoren sowie den sozialgeschichtlichen Aspekten sieht er aber auch die Tragweite jener unterschiedlichen *formalen* Denk- und Lebenskonstellation, wie sie uns durch das grie-

---

39 Vgl. H. R. Schlette, *Albert Camus: Welt und Revolte*, a.a.O. 99–129, speziell 125.

40 Freilich kann man bei Camus nur in einem weiteren Sinne von »Ontologie« sprechen; der von E. Barilier, a.a.O. 13, eingeführte Titel »Ontophilie« ist vorzuziehen.

41 Vgl. A. Abbou, *Nature et place d'une théorie de la libération de l'homme dans la pensée d'Albert Camus*, in: Camus et la politique, a.a.O. 117–127.

chische und das jüdisch-christliche Erbe und durch deren konfliktreiches, erheblichen Wandlungen unterworfenes Verhältnis zueinander, jedenfalls im Bereich Europas, überkommen ist.[42]

Worin die Unterscheidung griechisch / christlich[43] sowohl in inhaltlicher als auch in formaler Hinsicht besteht, beschäftigt Philosophen, Theologen, Historiker und Philologen bekanntlich seit langem. Camus lernte – spätestens – während seines Philosophiestudiums in Algier und vor allem im Zusammenhang mit der Abfassung seiner Examensschrift die grundlegende und weittragende Bedeutung dieses Unterschieds kennen. Dies ist für das Verständnis Camus' und besonders auch des »Homme révolté« wichtiger als der Hinweis darauf, daß Camus' Kenntnis der griechischen Quellen begrenzt war[44] (was man natürlich auch von seiner Kenntnis des Alten und Neuen Testaments und namentlich der mittelalterlich-christlichen sowie auch der jüdischen und islamischen Philosophie und Theologie sagen muß). Entscheidend ist jedoch nicht diese quantitative (und professorale) Kritik, sondern die Tatsache, daß er sich des hier vorliegenden fundamentalen Problems von Anfang an mit besonderer Klarheit bewußt war. Der Grund hierfür liegt wiederum nicht allein und primär in seinen historischen Informationen oder darin, daß er auch in dieser Beziehung Nietzsche verpflichtet ist, sondern in seiner eigenen Erfahrung, in der eine den Griechen struktural entsprechende, säkulare Welterfahrung im Vordergrund stand, dergegenüber er das Christliche früh schon als ein Anderes, Fremdes, als etwas ihm nicht Zugängliches erlebt hat.[45]

---

42 Vgl. L'Entretien sur la révolte, in: E 742f.

43 Ich verwende im folgenden nur noch die Formulierung »christlich« – statt »jüdisch-christlich« –, weil dies dem Sprachgebrauch Camus' in »L'homme révolté« entspricht. Camus macht in der hier gemeinten Perspektive zwischen Judentum und Christentum keinen Unterschied. Bereits in der Examensschrift hieß es, die »Philosophie der Geschichte« sei eine »jüdische Erfindung (invention)«; vgl. Christliche Metaphysik und Neoplatonismus, a.a.O. 37 (E 1236). Das deutsche Wort »Erfindung« kann hier leicht den negativen und polemischen Sinn von »Erdichtung« annehmen, der bei Camus nicht gemeint war; »invention« sollte daher besser mit »Entdeckung« wiedergegeben werden.

44 Vgl. P. ARCHAMBAULT, Camus' Hellenic Sources. Chapel Hill 1972.

45 Vgl. H. R. SCHLETTE, Camus, in: Religionskritik von der Aufklärung bis zur Gegenwart. Autoren-Lexikon von Adorno bis Wittgenstein, hrsg. v. K.-H. Weger. Freiburg/Basel/Wien 1979, 51–56. Zu Camus' Verhältnis zum Christentum vgl. vor

Camus sieht also, daß sich quer durch die europäische Geschichte eine Auseinandersetzung zwischen den fundamentalen Denk- und Lebensformen der »Griechen« und der »Christen« abgespielt hat. Bei der Interpretation dieser Differenz erkannte (auch) er – historisch durchaus zutreffend – als die allem anderen voraufgehende Grundeinsicht der »Griechen« deren Verständnis des »Kosmos« als der immer bleibenden, alles Geschehen tragenden »Welt als Natur«, während er im Christentum den Akzent auf den Menschen bzw. auf dessen »Seele« gelegt fand[46], was theoretisch und praktisch die Entmythisierung und Abwertung des Kosmos bedeutete. Die vielfältigen Implikationen dieser verschiedenartigen »metaphysischen« Grundpositionen, über die viel geschrieben worden ist, sollen hier nicht vorgeführt werden; sie reichen vom Verständnis des Göttlichen über das des Bösen und der Schuld bis hin zu dem der Kunst und des Schönen. Für Camus ergibt sich aus diesem Konflikt insbesondere, daß er den »Christen« vorwerfen kann, sie hätten sich im Laufe der Jahrhunderte wegen ihres primären Interesses am Heil der Seelen von dem griechischen Erbe entfernt und die Aufmerksamkeit sehr pointiert dem Tun und Machen der Menschen und damit der Geschichte zugewandt. Am Ende einer langen Entwicklung habe sich aber die Idee der Geschichte von ihrer biblisch-theologischen Basis gelöst und als »Glauben« an den Fortschritt, die Wissenschaft, die bessere Zukunft so weit verselbständigt, daß sie, vor allem mit Berufung auf Hegel und Marx, die radikale und einseitige Option für das geschichtliche Handeln und Machen zu einer maßlosen Raserei getrieben habe, so daß man am Ende bereit war, die Geschiche als des Höchste und Absolute zu betrachten und ihrer irgendwann in der Zukunft angeblich vollendeten Gestalt jetzige Generationen zu opfern. Gegenüber dieser Apotheose der Geschichte gehe es heute darum, das lange vergessene Erbe der

---

allem: I. Di Mέglio *Antireligiosität und Kryptotheologie bei Albert Camus*. Bonn 1975; Th. Simons, *Albert Camus' Stellung zum christlichen Glauben*. Königstein 1979; außerdem: A. Rühling *Negativität bei Albert Camus. Eine wirkungsgeschichtliche Analyse des Theodizeeproblems*. Bonn 1974; G. Linde, *Das Problem der Gottesvorstellungen im Werk von Albert Camus*. Münster 1975, sowie auch: R. Reichelberg, *Albert Camus. Une approche du sacré*. Paris 1983.

46 Vgl. Metaphysik und Neoplatonismus, a.a.O. 36 (E 1235); Helenas Exil, in: Heimkehr nach Tipasa, in: LE 157 (E 855).

Griechen neu zur Geltung zu bringen, nicht als Erneuerung alter Mythologeme und Philosophien, sondern als die unter den Bedingungen der Gegenwart, »auf der Spitze der Modernität«[47], mögliche Erfahrung von Welt als Natur als des stets Bleibenden, allerdings nicht als einer »heilen«, sondern durchaus gefährdeten Natur. So schreibt Camus bereits 1948 in »Helenas Exil«: »Die Natur ist immer da. Sie setzt dem Irrsinn der Menschen ihre ruhigen Himmel und ihren Sinn entgegen – bis auch das Atom Feuer fängt und die Geschichte im Triumph des Verstandes und im Untergang der Menschheit endet. Doch die Griechen sagten nie, daß die Grenzen nicht überschritten werden könnten. Sie sagten, die Grenze bestehe, und jener werde ohne Gnade getroffen, der sie zu überschreiten wage. Nichts in der Geschichte widerspricht dem heute.«[48] Die Maßlosigkeit des »rein geschichtlichen Denkens« und einer sich nur aus einem solchen »Projekt« konstituierenden Zivilisation ist also nach Camus' Überzeugung durch die kritische Erinnerung an »Welt als Natur« zu korrigieren und wieder ins Gleichgewicht zu bringen – ein gerade in unseren Tagen überraschend aktueller Gedanke, der im Schlußkapitel von »L'Homme révolté« das Leitmotiv bildet.

Es braucht hier nicht untersucht zu werden, ob die Beschreibung und Analyse des griechischen und des christlichen Traditionsstroms, wie Camus sie skizziert, in jeder Hinsicht berechtigt ist, es ist aber keine Frage, daß er die formale Konstellation der historischen Entwicklung in Europa zutreffend charakterisiert hat. Insbesondere die in den letzten Jahren geführten Diskussionen über die »Säkularisierung« und deren Ursachen bestätigen dies[49], ja sie machen deutlich, daß und wie der von Camus nur in bezug auf Europa ins Auge gefaßte Prozeß sich längst über Europa hinaus auswirkt. In der sektoralen und aporetischen Geschichtsphilosophie Camus' erweist sich also der Konflikt zwischen Welt als Natur und Welt als Geschichte als ein wichtiger Schlüssel zum Verständnis dessen, was sich heute weltweit ereignet. Ja, in dieser Perspektive zeigt sich zugleich, wie Geschichte

---

47 Eine Formulierung von K. Löwith in: *Nietzsches Philosophie der ewigen Wiederkehr des Gleichen*. Stuttgart 1956, 113 u. 115. Eine vergleichende Darstellung Camus/Löwith wäre der Mühe wert.

48 LE 158 (E 855f).

49 Hierzu vgl. den Band: *Säkularisierung*, hrsg. v. H.-H. Schrey. Darmstadt 1981.

48

nicht sein und nicht gedeutet werden sollte und wie sie aussehen würde, wenn die Camus vorschwebende Balance hergestellt wäre. Gegen Ende von »Helenas Exil« heißt es hierzu: »Das Erkennen der Unwissenheit, das Verneinen des Fanatismus, die Grenzen der Welt und des Menschen, das geliebte Antlitz, die Schönheit endlich, dies ist der Ort, wo wir die Griechen wieder erreichen werden. Auf eine gewisse Art ist der Sinn der Geschichte von morgen anders, als man glaubt.«[50]

Von Camus' Geschichtsphilosophie aus, wie sie hier ihrem Ansatz nach vorgestellt wurde, treten die Fundierung und der Anspruch seiner politischen Philosophie klarer hervor. »Politische Philosophie« ist dabei nicht identisch mit konkreter (partei-)politischer Handlungsanweisung; sie ist aber auch mehr als nur »politische Ethik«, weil Camus die Realität und Aktualität des Politischen aus dem größeren Zusammenhang mit der Geschichtsphilosophie und deren Implikationen interpretiert. So sehr er darauf besteht, daß die angesichts des Chaos und der Unvernunft sich formierende und legitimierende Revolte die Einsicht in die Notwendigkeit eines »Wertes«[51] erst hervorbringt, so sehr sich für ihn gerade aus der Erinnerung an Kaliayew, in dem sich seiner Überzeugung nach der »Geist der Revolte« letztmalig mit dem »Geist des Mitleids« verbunden hat (MR 136; E 573), die Erkenntnis ergibt, daß die Respektierung der Grenze und des Maßes das Kriterium der »metaphysischen Ehre« (MR 231; E 689) in der geistigen Haltung und auch noch im Kampf der Revoltierenden[52] darstellt, so ist er doch keineswegs der ebenso naiven wie gefährlichen Meinung,

---

50 LE 159f (E 857).
51 Camus' Ansicht über den »Wert«, insbesondere über dessen Entdeckung bzw. Konstituierung in der und durch die Revolte (vgl. MR 16, 19, 136, 141, 202f; 227, 230–232, 240, 244; E 425, 429, 572, 579, 651, 684, 688–690, 699, 704), bedarf einer genaueren Darstellung. Jedenfalls ist seine Position von der der sog. Wertphilosophie abzugrenzen. Vgl. R. GAY-CROSIER, *La Révolte génératrice et régénératrice*, in: Albert Camus: Œuvre fermée, œuvre ouverte? Actes du colloque de Cerisy-la-Salle, juin 1982, hrsg. v. R. Gay-Crosier und J. Lévi-Valensi. (Cahiers Albert Camus 5) Paris 1985, 113–134.
52 Camus unterscheidet in der Regel zwischen »Revoltierenden« und »Revolutionären«; dies entspricht seiner Gegenüberstellung von »Revolte« und »Revolution«. Vgl. MR 202 sowie 17f, 87f, 171, 200, 203, 246–248 (E 651 sowie 426f, 515f, 614, 649, 651, 707f); s. auch die Bemerkung von R. Quilliot in: E 1572.

Politik sei lediglich die Anwendung von Ethik. Vor dieser Konsequenz bewahrt ihn seine Kenntnis der bisherigen Geschichte und der »Ideologien«; ja, er erkennt, die Antinomie von *Gewaltlosigkeit und Gewalt* reflektierend, ausdrücklich an, daß in bestimmten Situationen – er nennt sie die eines »Aufstands«, einer »insurrection« (MR 236; E 695), und meint damit solche, in denen sich die Revolte gegen Terror und Unterdrückung auflehnt – Gewalt berechtigt sein kann (vgl. MR 138; E 575), eine Gewalt freilich, die bereit und fähig sein muß, sich so schnell wie möglich wieder zurückzunehmen. »Die echte Tat der Revolte wird nur für Institutionen zu den Waffen greifen, die die Gewalt einschränken, und nicht für die, welche sie gesetzlich verankern. Nur dann lohnt eine Revolution den Tod, wenn sie unverzüglich die Abschaffung der Todesstrafe versichert, und die Leiden des Gefängnisses, wenn sie im voraus die Anwendung von Strafen ohne vorhersehbares Ende verweigert. Wenn die Gewalt des Aufstandes sich auf dem Weg zu diesen Institutionen entfaltet, indem sie sie so häufig wie möglich ankündigt, ist das für sie die einzige Art und Weise, wirklich nur vorübergehend zu sein.« (MR 237; E 695)

In ähnlicher Weise wendet sich Camus, wiederum die Absolutsetzung kritisierend, gegen die Einseitigkeit bei der politischen Realisierung der Antinomie von *Freiheit und Gerechtigkeit*. »Die absolute Freiheit verhöhnt die Gerechtigkeit. Die absolute Gerechtigkeit leugnet die Freiheit.« (MR 236; E 694) Für Camus folgt aus derartigen Verabsolutierungen die Notwendigkeit der Option für »das Relative« (MR 235; E 693) sowie eines »Denkens in Annäherungen« (MR 239; E 698). Gegenüber dem »rein historischen Denken«, das er als »nihilistisch« entlarvt (MR 234; E 692), ist die Revolte, kraft ihrer Anerkennung von »Grenze« und »Maß«, ja einer »den Menschen gemeinsamen Natur« (MR 238; E 697), das realistische Prinzip jeglichen politischen Handelns. Sie ist jedoch, wie Camus hervorhebt, nichts Bequemes, sondern bedeutet gerade als diese Respektierung von Wert, Grenze und Maß eine äußerste »Spannung« (tension) (vgl. MR 244f; E 704f).

Deswegen hat sie auch nichts mit Bourgeoisie und deren Konformismus und Heuchelei zu tun. Camus scheint es überhaupt nicht in den Sinn gekommen zu sein, daß man seine Ideen als Verteidigung »bürgerlicher« und insofern »rechter« Politik hätte verstehen können.

Auf eine entsprechende Frage antwortet er in dem Interview mit Pierre Berger, indem er nachdrücklich darauf verweist, eines der wesentlichen Themen von »L'Homme révolté« sei gerade die Kritik jener »morale formelle«, die »an der Basis des bürgerlichen Humanismus« stehe, und indem er an seine Verbindung zum freien Syndikalismus und zu einer »anderen revolutionären Tradition«, die z. B. in der Zeitschrift »La Révolution prolétarienne« zum Ausdruck komme, erinnert.[53] Die Revolte, für die er einsteht und die er mit dem »Maß« geradezu identifizieren kann – »die Revolte ist das Maß, sie befiehlt es, verteidigt es und erschafft es neu durch die Geschichte und ihre Wirren hindurch« (MR 244; E 704) –, wird also gründlich mißverstanden, würde man sie beschwichtigend als eine nicht radikale, sondern lediglich als eine »maßvolle Revolte« bezeichnen. Die Begriffe des »Maßes« und verwandte Bildungen wie Mäßigung, Mäßigkeit, Maßhalten scheinen – jedenfalls hierzulande – dermaßen bürgerlich korrumpiert zu sein, daß man sie besser vermeidet oder aber den Begriff »Grenze« stärker in den Vordergrund rückt. Camus hat offenbar diese Hemmung bei der Verwendung des Wortes »mesure« – zumal als Gegenbegriff zu »démesure« – nicht, so daß er sein eigenes Verständnis von »historischer Dialektik«, diesen Begriff trotz des hegelianisch-marxistischen Hintergrunds nicht scheuend, in folgender Weise formulieren kann: »Die Welt ist nicht reine Beständigkeit (fixité), aber auch nicht nur Bewegung. Sie ist Bewegung und Beständigkeit. Die historische Dialektik z. B. flieht nicht unaufhörlich auf einen unbekannten Wert zu. Sie kreist um die Grenze, den ersten Wert. Heraklit, der Erfinder des Werdens, setzte jedoch diesem endlosen Ablauf eine Grenze. Nemesis, die Göttin des Maßes, verderblich den Maßlosen, war das Symbol dieser Grenze. Ein Denken, das die heutigen Widersprüche der Revolte einbeziehen will, müßte seine Inspiration bei dieser Göttin holen.« (MR 240; E 699)

Die Abgrenzung der Revolte gegenüber der wissenschaftlich-technokratisch-kapitalistischen »Maßlosigkeit« und den nihilistischen Revolutionen wird von Camus an einigen Stellen auch dadurch zum Ausdruck gebracht, daß er »Politik« von »Religion« unterscheidet (vgl. MR 245; E 705 u. ö.). »Religion« wird dabei nicht im religions-

---

53 Vgl. L'Entretien sur la révolte, in: E 739f.

philosophischen oder religionswissenschaftlichen Sinne verwendet, sondern im Sinne eines Vergleichs bzw. einer Metaphorik, die sich in »L'Homme révolté« immer wieder findet; sich auf eine bekannte Figur christlicher Verwirklichung beziehend, gebraucht Camus an zahlreichen Stellen das Wort »Religion« und das ihm zugeordnete Wort- und Bedeutungsfeld, um einen fanatischen und totalitären politischen Anspruch zu kennzeichnen und zu kritisieren. Es spricht manches dafür, daß Camus hier dem Sprachgebrauch von Nikolai Berdiajew[54] sowie von Jules Monnerot folgt, der so weit ging, den »Kommunismus« als den »›Islam‹ des 20. Jahrhunderts« zu bezeichnen.[55] Trotz dieser in »L'Homme révolté« überwiegenden Metaphorik darf indes nicht übersehen werden, daß Camus für unsere Zeit ein gewisses Recht auf Religiosität gerade um der Revolte willen und aus ihrem Grundgestus heraus anerkannt hat. »Die Geschichte der metaphysischen Revolte kann ... nicht mit derjenigen des Atheismus verwechselt werden. Unter einem bestimmten Gesichtspunkt fällt sie sogar zusammen mit der heutigen Geschichte des religiösen Gefühls. Der Revoltierende fordert eher heraus, als daß er leugnet.« (MR 23; E 436) Die Bedeutung dieses Gedankens für eine heute noch zu verteidigende Religionsphilosophie soll hier lediglich erwähnt werden.[56]

Blicken wir abschließend noch einmal auf die (politische) Philosophie der Revolte, wie Camus sie vorträgt. Wie schon erwähnt, tritt er für eine bestimmte Position der »Linken«, für den »libertären Sozialismus« ein.[57] Diese Variante des Sozialismus – in Deutschland, aber

54 Vgl. N. Berdiajew, *Wahrheit und Lüge des Kommunismus*. Darmstadt/Genf 1953 (frz.: Paris 1933), speziell 85–99.

55 Vgl. J. Monnerot, *Soziologie des Kommunismus*. Köln/Berlin 1952 (frz. Paris 1949), 9.

56 Vgl. etwa H. R. Schlette, *Skeptische Religionsphilosophie. Zur Kritik der Pietät*. Freiburg 1972, 144–154: »Pietät und Empörung«; ders., *Religion als Weltdeutung*, in: Kindlers Enzyklopädie Der Mensch, hrsg. v. H. Wendt u. N. Loacker, VI (Zürich 1983), 635–640.

57 Vgl. R. Neudeck, a.a.O. 196–201; H. Wernicke, a.a.O. 177–212; J. Guérin, *Camus devant le socialisme*, in: Albert Camus: Œuvre fermée, œuvre ouverte? A.a.O. 345–360 (Guérin spricht von Camus' »anarchisme mesuré« – in Anführungszeichen –, ebd. 355); s. auch oben Anm. 5. – Besondere Beachtung verdient die folgende Fußnote Camus': »Vgl. Marxens Brief an Engels (20. Juli 1870), der den Sieg Preußens über Frankreich herbeiwünscht: ›Das Übergewicht des deutschen

vielleicht nicht nur hier, weithin unbekannt und schwer zu vermitteln – wird von Camus am Ende von »L'Homme révolté« in deutlichen, wenn auch wohl zu knappen Sätzen erläutert. Es handelt sich um einen Sozialismus, ja um einen »Syndikalismus«, für den das Prinzip »von unten nach oben« gilt (MR 241; E 701); er weiß sich als »die Verneinung des bürokratischen und abstrakten Zentralismus zugunsten der Wirklichkeit« (MR 241; E 701). »Die Geschichte der Ersten Internationale, in der der deutsche Sozialismus unaufhörlich gegen das freiheitliche Denken der Franzosen, Spanier und Italiener ankämpft, ist die Geschichte des Kampfes zwischen der deutschen Ideologie und dem mittelmeerischen Geist. Gemeinde gegen Staat, konkrete Gesellschaft gegen absolutistische Gesellschaft, überlegte Freiheit gegen rationale Tyrannei, altruistischer Individualismus gegen Kolonisierung der Massen lauten damals die Antinomien, die einmal mehr die Gegenüberstellung von Maß und Maßlosigkeit sichtbar machen, welche die Geschichte des Abendlandes seit der Antike erfüllt.« (MR 242; E 701f) Diese Sätze bestätigen, daß nach Camus' Auffassung die geschichtsphilosophische Antithese Griechen/Christen und somit Natur/Geschichte in der politischen Philosophie des libertären Sozialismus Gestalt gewonnen hat. Das verleiht diesem Sozialismus, den mit »Liberalismus«[58] oder »radikalem liberalem Humanismus«[59] zu verwechseln einen schwerwiegenden Irrtum darstellt, seinen besonderen Rang als die sich am Ende aller politisch gescheiterten Wege nahelegende Konsequenz.

Camus hat diesen Sozialismus in seinem Werk »L'Homme révolté« auf eine solide geschichtliche und philosophische Grundlage gestellt. Nicht »Romantik« ist dieser Sozialismus, sondern »wahrer Realismus« (MR 241; E 701). »Die Massen – der Arbeit, des Leidens und Sterbens müde – sind Massen ohne Gott. Unser Platz ist nunmehr an ihrer Seite, fern von den alten und neuen Doktoren. Das geschichtliche Christentum verschiebt die Heilung vom Bösen und

---

Proletariats über das französische würde zugleich das Übergewicht unserer Theorie über die Proudhons bedeuten.'« (MR 242, Anm. 1; E 702).

58 Vgl. PH. THODY, a.a.O. 163.

59 So z. B. A. JUHRE, *Albert Camus – Herausforderung heute. Der skeptische Aufklärer am Rande des Absurden*, in: Deutsches Allgemeines Sonntagsblatt v. 20. 7. 1986 (Nr. 29), S. 20; s. auch Ph. THODY, a.a.O. 170.

vom Mord, die doch in der Geschichte erlitten werden, ins Jenseits der Geschichte. Auch der zeitgenössische Materialismus glaubt, alle Fragen beantworten zu können. Aber als Diener der Geschichte vergrößert er das Reich des geschichtlichen Mords und läßt ihn gleichzeitig ohne Rechtfertigung, außer in der Zukunft, die abermals den Glauben verlangt. In beiden Fällen muß man warten, und inzwischen hört der Unschuldige nicht auf zu sterben.« (MR 246; E 706) Dem setzt die Revolte ihre »sonderbare Liebe« (étrange amour) (MR 246; E 707) entgegen. »Die weder in Gott noch in der Geschichte ihren Frieden finden, verurteilen sich dazu, für die zu leben, welche, wie sie, nicht leben können: die Gedemütigten.« (MR 246; E 707) Die Revolte weiß sich als die »Bewegung des Lebens selbst« (MR 246; E 707). Zwar behauptet sie nicht, so sagt Camus ausdrücklich, »alles lösen zu können«, aber sie kann »wenigstens die Stirn bieten« (MR 247; E 708).

Widerstand, so hat Camus' Freund René Char es ausgedrückt, ist »nichts als Hoffnung«.[60] Camus hat auf das Manuskript, das er René Char, mit dem er die Thesen seines Buches im einzelnen besprochen hatte, übergab, eine Widmung geschrieben, in der er »L'Homme révolté« als ein »Buch der Hoffnung« bezeichnet.[61] Dies ist es in der Tat, wenn Hoffnung nicht auf das Jenseits oder auf eine späte Zukunft abgelenkt wird, sondern sich mit der Leidenschaft der Revolte, die das Leben liebt, auf das in der Gegenwart Mögliche richtet.[62]

Die historische und politisch-philosophische Grundlegung des libertären Sozialismus, die Camus vorträgt, ist, gerade als die Verteidigung jener »anderen revolutionären Tradition« neben der orthodox-marxistischen, von nicht geringer Faszinationskraft, doch soll hier nicht unterlassen werden, die sich aufdrängende Frage zu stellen, wie es konkret mit der Realisierungschance dieser Konzeption steht. Camus wußte, daß mit dem Abwurf der ersten Atombombe die mecha-

---

60 »Résistance n'est qu'espérance.« R. CHAR, *Feuillets d'Hypnos, Nr. 168*, in: R. Char, Œuvres complètes. (Bibliothèque de la Pléiade) Paris 1983, 215; »Feuillets d'Hypnos«, Camus gewidmet, erschien 1946. Vgl. H. WERNICKE, *Widerstand ist nichts als Hoffnung. Der Dichter René Char*, in: Orientierung 49 (1985) 8–12.

61 Vgl. E 1635.

62 Vgl. H. R. SCHLETTE, *Camus et l'espoir*, in: Albert Camus: une pensée, une œuvre. Colloque de Lourmarin 1er–10 août 1985, hrsg. durch die »Rencontres méditerranéennes de Lourmarin«. Cadenet-Lourmarin 1986, 111–120; im vorliegenden Band S. 126-139.

nische Zivilisation in das Stadium ihrer höchsten Wildheit eingetreten ist[63], daß es jedoch kein Zurück zum »Spinnrad« gibt (MR 239; E 698); er hatte die Mentalität der »Händlergesellschaft« durchschaut[64] und sich von jeder Form von Zynismus, Totalitarismus und Unterdrückung distanziert; persönlich und politisch in den Algerienkonflikt involviert[65], erlebte er die Unmöglichkeit, in Situationen politischen Kampfes miteinander zu reden. Auch wenn man nüchtern zu konstatieren hat, daß die praktische Politik eine unmittelbare Realisierung des von Camus favorisierten Sozialismus offenbar nicht zuläßt, werden dessen Grundideen dadurch noch nicht falsifiziert oder überflüssig. Für das Prinzip »von unten«, die Chance der »kleinen Einheiten«, gegen die Maßlosigkeit rein geschichtlich-technischen Machens und für die Respektierung von Maß und Grenze, gegen den Terror und für die Brüderlichkeit der aufeinander verwiesenen Menschen, für die Balance von Freiheit und Gerechtigkeit sich zu engagieren, erweist sich gerade in einer Epoche eines noch zunehmenden politischen und wirtschaftlichen Zentralismus und einer sich noch steigernden wissenschaftlich-technologischen Gefährdung als notwendig. Die skeptische Frage nach der realpolitischen Chance des libertären Sozialismus, wie Camus ihn übernimmt und geschichtsphilosophisch vertieft, ist natürlich berechtigt, aber sie muß sich die Gegenfrage gefallen lassen, wie das Verhältnis von politischer Philosophie zu praktischer Politik denn überhaupt beschaffen ist.

Offenbar wäre es eine arge Simplifizierung, sich dieses Verhältnis nach dem Schema von Gebrauchsanweisung und Anwendung vorzustellen; auch müßte sogleich Ideologieverdacht aufkommen, wenn

---

63 Vgl. Camus' Artikel in »Combat« vom 8. 8. 1945, in: E 291–293, deutsch in: Orientierung 49 (1985) 145f, übers. v. M. Yadel. S. auch im vorliegenden Band S. 80-86.

64 Vgl. hierzu die kritischen Bemerkungen in seinem Vortrag »Der Künstler und seine Zeit« in der Universität Uppsala am 14. 12. 1957, in: F 272–277 (E 1081–1085).

65 Vgl. *Fragments d'un combat. 1938–1940. Alger Républicain. Le Soir Républicain*, hrsg. v. J. Lévi-Valensi und A. Abbou. (Cahiers Albert Camus 3/1 und 3/2) Paris 1978; s. auch R. Quilliot, *La Mer et les prisons. Essai sur Albert Camus*. Paris ²1970, 288–302; »Le déchirement algérien«; die Algerien geltenden Artikel von P. Siblot/J.-L. Planche, A. Cohen-Solal und M. Robin sowie die sich anschließenden Diskussionsbeiträge in: Camus et la politique, a.a.O. 153–202; J. Guérin, *Albert Camus. Portrait de l'artiste en politique*. Paris (Bourin) 1993, 238–260: »L'Algérie au cœur«.

Politik nichts als die Applikation einer politischen Philosophie wäre. Da es aber ebenso verfehlt ist, anzunehmen, politische Philosophie hätte gewissermaßen als »reine Theorie« mit praktischer Politik überhaupt nichts zu tun, wird dieses schwierige Verhältnis noch am ehesten so zu denken sein, daß die politische Philosophie die Aufgabe hat, die politische Praxis als solche zu analysieren und darüber hinaus theoretische Orientierungspunkte zu erarbeiten, von denen aus die politische Praxis kritisiert werden kann. Was auch immer zu dieser Problematik noch hinzuzufügen ist, im Hinblick auf Camus geht es darum, die in »L'Homme révolté« vorgetragene politische Philosophie genau zu studieren, als kritisch-theoretischen und inspirierenden Impuls zu erkennen, sie – wo es möglich und notwendig scheint – zu präzisieren, zu ergänzen und weiter auszuarbeiten, sie im sogenannten »Diskurs« unserer Zeit zur Geltung zu bringen und ihr gemäß in der jeweiligen politischen Konstellation und Situation selbständig zu handeln.

Nachtrag

Über Camus' konkret-politische Meinungen und Aktivitäten im Kontext der politischen Situation seiner Zeit handelt aus souveräner Kenntnis JEANYVES GUÉRIN in seinem Buch: *Albert Camus. Portrait de l'artiste en citoyen.* Paris (Bourin) 1993.

Inzwischen erschien – endlich – eine vollständige Übersetzung von Camus' Artikel-Serie »Ni victimes ni bourreaux« aus dem Jahre 1946 (zuerst in »Combat«, 19.–30. November, sodann in »Actuelles I» [1950]; vgl. E 329–352): ALBERT CAMUS, *Weder Opfer noch Henker* (übers. v. R. Luschat), hrsg. v. der Internationalen der Kriegsdienstgegner/innen (IDK Berlin). Berlin (Oppo-Verlag) 1991 (Schriften des Libertären Forums Berlin 1). Dieses kleine, höchst beachtenswerte Bändchen enthält zusätzlich den Beitrag von W. Beyer, »Albert Camus – ein Libertärer« (S. 33–38), in dem zurecht die antizentralistische, anarchosyndikalistische bzw. libertäre Position Camus' unterstrichen wird. – S. auch den Beitrag von R. Quilliot sowie die ergänzenden Texte in E 1566–1595.

Zu Camus' Haltung im Algerien-Konflikt sei das wichtige Zeugnis eines ehemaligen Führers der Algerischen Befreiungsfront, Mohammed Lebjaoui, aus dessen Memoiren »Verités sur la Revolution Algérienne« (Paris 1970) angeführt. Kurz vor seiner Verhaftung durch die französischen Behörden im August 1959 traf Lebjaoui Camus zu einem Gespräch. »Wir gingen nach Camus' Ankunft aus Paris im ›Hoggar‹ essen, einem Restaurant, das – heute verschwunden – für sein ›couscous‹ berühmt war, das Camus gern mit Heißhunger aß. Die lange Unterhaltung, die wir beim Essen hatten, erlaubt mir mit Freude festzustellen, daß Camus seit dem letzten Jahr die algerische Situation besser begriff. Er hatte eine viel gerechtere Einschätzung der Belange der algerischen Bevölkerung. Ich bin, für meinen Teil, überzeugt, daß seine Intelligenz wie auch seine Liebe zu Algerien ihn uns näher gebracht hätten, wenn die F.L.N. nach meiner Verhaftung die Beziehung zu ihm aufrechterhalten hätte. Sein brutaler Tod, ein Jahr später, läßt diese Frage in der Schwebe. Ich persönlich bewahre von ihm dieses letzte Bild: Beim Heraustreten aus dem Restaurant in dem Moment, in dem wir uns trennen wollten, drückte er mir fest die Hand und sagte: »Lebjaoui, ich wohne in der rue Madame. Mein Haus gehört Ihnen. Sie können sich dahin zurückziehen, wenn es Ihnen nötig erscheint.'« (Zitiert nach R. NEUDECK, *Wider das »Goldene Kalb des Realismus.« Die politische Wirksamkeit des Albert Camus*, in: Frankfurter Hefte 31 [1976] 64; vgl. H. R. Lottman, Camus, a.a.O. [dt. Ausgabe] 502 sowie auch 482 u. 623, Anm. 28.)

Camus war sich darüber im klaren, daß die »Zeit der Kolonialismen zu Ende ist«; daraus müsse man die Konsequenzen ziehen; vgl. »Actuelles III: Chroniques Algériennes, 1939–1958«. Paris 1958: E 898, auch 900 u. 1015; J. GUÉRIN, *Albert Camus. Portrait de l'artiste en citoyen*, a.a.O. 247.

III

»La Russie sera belle«

*Zu Camus' Drama »Les Justes«**

W enn man heute über Camus' Drama »Die Gerechten« nachdenkt, ist es angebracht, einige Richtigstellungen vorauszuschicken. Man hält Camus für einen Schriftsteller, andere heben das Philosophische hervor, wieder andere sehen in ihm den Künstler, den Mann des Theaters und kommen damit seiner Selbsteinschätzung, vor allem in seinen letzten Lebensjahren, am nächsten. Im Grunde aber stellt Camus in seiner Person, in seinem Werk alles dieses dar: den Schriftsteller, den Philosophierenden, den Dramatiker, den Künstler, aber man muß noch den politisch-sozialkritischen Journalisten hinzufügen, den Camus der Résistance, den Lektor im Verlag Gallimard, den »pieds-noir«, der er immer ganz bewußt war.

Wir wissen über sein Leben inzwischen nahezu alles.[1] Über das Biographische hinaus hat die internationale Camus-Forschung[2] der letzten dreißig Jahre dazu beigetragen, zahlreiche Vorurteile zu korrigieren. Das verbreitetste lautet, Camus sei ein Existentialist gewesen, sozusagen als der kleine, mindere Bruder Sartres. Das ist ganz falsch, denn Camus hat nie an das existentialistische Grunddogma von der Priorität der Existenz vor der Essenz geglaubt.

---

* Der Text ist die überarbeitete Fassung eines Vortrags, den ich am 2.11.1989 in der Karl Rahner-Akademie, Köln, im Zusammenhang mit der Aufführung von »Les Justes« in dem Theater »Der Keller« gehalten habe.
1 Vgl. etwa G. BRÉE, *Albert Camus – Gestalt und Werk*. Reinbek 1960 (amer. 1959); M. LEBESQUE, *Albert Camus in Selbstzeugnissen und Bilddokumenten*. Reinbek 1960 (frz. 1959); M. ARDIZIO, *Camus*. Paris/Gembloux (Duculot) 1982; H. R. LOTTMAN, *Camus. Eine Biographie*. Hamburg 1986 (amer. 1979, frz. 1978); B. SÄNDIG, *Albert Camus. Eine Einführung in Leben und Werk*. Leipzig [3]1992 sowie J. LENZINI, *L'Algérie de Camus*. Aix-en-Provence (Edisud) 1987.
2 Die von ROBERT F. ROEMING erstellte Microfiche-Bibliographie ([11]1993) umfaßt ca. 10 000 Titel.

Mit diesem Vorurteil hängt ein anderes zusammen: Camus sei von einer destruktiven, nihilistischen Philosophie des Absurden allmählich zur besseren Einsicht in Gestalt einer Philosophie der bürgerlichen Werte gelangt. Auf diese Ansicht muß ich etwas näher eingehen, denn ihre Korrektur ist für das Verständnis des Dramas »Die Gerechten« von besonderer Bedeutung.

Camus hat jene Erfahrung und Einsicht, die er mit dem Wort »das Absurde« bezeichnete, als Ausdruck dessen verstanden, was in seiner Generation, d. h. von vielen Intellektuellen in den dreißiger Jahren empfunden und gedacht wurde, und als verbindlichen Ausgangspunkt für jede Neuorientierung mitvollzogen. Die Absurdität besteht, wie Camus sowohl in »Le Mythe de Sisyphe« als auch in »L'Homme révolté« sagt[3], darin, daß der Mensch sich als ein Wesen vorfindet und erlebt, dem das Leben zutiefst fragwürdig wird und der von einer schweigenden Welt auf seine Fragen keine Antwort erhält. Die Berufung auf eine »religiöse« oder speziell die christliche Antwort hat für Camus keine Gültigkeit. Camus kennt sowohl den Konflikt zwischen Griechischem und Christlichem in der Antike als auch die Entwicklung, über das christliche Mittelalter hinaus, von Descartes und Pascal bis Nietzsche. Er glaubt nicht an Gott, im populären Sinn dieser durchaus unklaren Formulierung, aber er versteht sich selbst nicht als Atheist im Sinne einer festen weltanschaulichen Überzeugung. Dies hat die Camus-Literatur inzwischen deutlich herausgearbeitet, und wenn es von Camus selbst noch eines Wortes hierzu bedurft hätte, so hat er es in einer Tagebuchaufzeichnung vom 1. 11. 1954 hinterlassen, die lautet: »Ich glaube nicht an Gott *und* ich bin kein Atheist.« Worte wie Atheismus hätten für ihn keinen Sinn (sens).[4] Die Absurdität darf also nicht atheistisch interpretiert werden, auch nicht nihilistisch, denn Camus hat immer wieder davon gesprochen, daß es trotz der Unerklärbarkeit des Daseins und der Unlösbarkeit der sogenannten »letzten« Fragen etwas gibt wie ein vorlaufendes Sich-dem-Leben-Anvertrauen. Obwohl er das Elend des Daseins schon früh kennengelernt hat – er wuchs unter harten, ärmlichsten Bedingungen auf, war von schwacher Gesundheit, erkannte

---

3 Vgl. MS 9–58 (E 99–146); MR 7–13 (E 413–420).
4 Vgl. die Notiz vom 1. 11. 1954 in: C III, 128 (Tgb. II, 155).

bald die inferiore Situation der Araber und Berber, erlebte die politische Gewalt in der Form des Franco-Regimes (die Familie seiner Mutter stammte aus Menorca) –, hat sich ihm gleichzeitig auch die Erfahrung von Positivem in Gestalt der Schönheit der mediterran-algerischen Landschaft, des Meeres und des Lichtes erschlossen. Dies läßt sich aus seinen ersten Schriften, insbesondere aus »L'Envers et l'endroit« (»Licht und Schatten«) und »Noces« (»Hochzeit des Lichts«) sowie aus den Tagebuchnotizen aus den Jahren 1935–38 eindeutig belegen.[5] Diese Affirmation bedeutet für Camus Wille zum Glück und zur Freude und das Engagement für ein gutes Zusammenleben der Menschen, die ja alle die condition humaine, die sie nicht selbst gemacht haben, akzeptieren müssen. Dennoch entwickelt Camus, auch später in »L'Homme révolté« nicht, keine hochtrabende, allwissende Theorie der Geschichte, wohl aber von Anfang an eine Sensibilität für Freiheit und Gerechtigkeit, die ihn, nachdem er Algerien im Frühjahr 1940 verlassen mußte, nach der Okkupation Frankreichs durch Nazi-Deutschland in die Résistance führt. Er wurde einer der Köpfe der Untergrundzeitschrift »Combat«. Später, 1950, wird er schreiben, daß er in den Zeiten des schwärzesten Nihilismus stets aus der »instinktiven Treue« zu dem »Licht« gelebt habe, in dem er aufgewachsen war.[6] Die Absurditätserfahrung ist also für Camus nie ein Freibrief für Willkür, Nichtstun oder menschliche Selbstherrlichkeit gewesen. In ihr spiegelt sich vielmehr die metaphysische Not jedes denkenden und sensiblen Menschen, der die letzten Fragen weder lösen noch ignorieren kann, aber trotzdem leben und nicht resignieren will. Von hier aus ergibt sich der Zugang zu Camus' Verständnis der antiken Sisyphos-Figur: Weitermachen, ohne billige, unbegründbare Hoffnung aufs Jenseits oder auf die geschichtliche Zukunft, mit einem großen Vertrauensvorschuß für das Leben, die Schönheit, die Freiheit, die Gerechtigkeit. In dieser Haltung Camus' wird man viel »Griechisches« wiedererkennen können, in die säkularistische Moderne übersetzt, doch ich möchte hier nicht zu weit

---

5 Des näheren vgl. etwa M. WEIS, *The Lyrical Essays of Albert Camus. »Une longue fidélité«.* Sherbrooke 1976; F. BOUSQUET, *Camus le méditerranéen – Camus l'ancien.* Sherbrooke 1977; H. R. SCHLETTE, *Albert Camus: Welt und Revolte,* a.a.O. 51–96; HIROSHI MINO, *Le Silence dans l'œuvre d'Albert Camus.* Paris (Corti) 1987, bes. 33–56 u. 131–143.
6 In: Das Rätsel, in: L'Eté/Heimkehr nach Tipasa: LE 167 (E 865).

abschweifen. Es wird indes nicht schwierig sein, die skizzierte Problematik in dem Drama »Die Gerechten« wiederzufinden.

Schon in Algerien hatte Camus, zusammen mit einer Gruppe von jungen Freunden, an einem Stück mit dem Titel »Revolte in Asturien« mitgeschrieben (etwa 1935/36), das einen spanischen Bergarbeiteraufstand zum Inhalt hatte. 1944 wurde das Stück »Das Mißverständnis« in Paris uraufgeführt, das die menschliche Verwegenheit und die Grausamkeit des Schicksals thematisiert. 1945 folgte die Uraufführung des Dramas »Caligula«, mit dem sich Camus seit 1938 befaßt hatte und das die wahnhafte Besessenheit eines römischen Kaisers auf die Bühne bringt, eindeutig als Kritik der Autokratie der Diktatoren seiner Zeit: Franco, Hitler, Stalin. 1948 gestaltet er in dem Stück »Der Belagerungszustand« abermals den Kampf gegen die Diktatur und für die Freiheit. Am 15. Dezember 1949 ist dann die Uraufführung von »Les Justes« im Théâtre Hébertot. Die Aufnahme dieser Stücke war durchaus unterschiedlich. Man müßte ihre Rezeption im einzelnen mit der damaligen Theater-Szene in Paris vergleichen. Hier sei lediglich hervorgehoben, daß Camus' besondere Leidenschaft stets dem Theater galt; in den fünfziger Jahren hat er verschiedentlich gesagt, daß er sich im Milieu des Theaters und der Schauspieler besonders wohl fühle[7]; 1955, bei seiner ersten Griechenlandreise, hielt er in Athen eine wichtige Rede über die Zukunft der Tragödie.[8] Es wird gelegentlich eingewandt, seine Dramen seien zu sehr doktrinale Lehrstücke, zu wenig durch sich selbst sprechende Handlungsstücke. Mag sein, doch müßte man wohl die Theater-Tradition, der sich Camus verbunden wußte, in die Überlegung miteinbeziehen, etwa Aischylos, Shakespeare und Calderón. Wenn also die Qualität der Dramen Camus' unterschiedlich eingeschätzt wird, so ist andererseits nicht zu übersehen, daß sie sich ein nicht geringes Ansehen erworben haben und immer noch gespielt werden. Ich lasse aber hier, mangels

---

7 Vgl. etwa seine Äußerung im Fernsehen (12. 5. 1959): »Pourquoi je fais du théâtre?« In: TRN 1718; allgemein: Albert Camus et le théâtre. Actes du Colloque tenu à Amiens du 31 mai au 2 juin 1988, hrsg. J. Lévi-Valensi. Paris (imec) 1992; s. auch F. BARTFELD, L'Effet tragique. Essai sur la tragique dans l'œuvre de Camus. Paris/Genève 1988.

8 In: TRN 1699–1709. Wie nicht wenige andere Texte von Camus blieb auch dieser bislang unübersetzt.

eigener Kompetenz, die Theaterästhetik beiseite und möchte einige Erwägungen zu »Les Justes« vorlegen.

Camus schrieb dieses Stück 1948–49. Das Buch des russischen Revolutionärs Boris Sawinkow, »Erinnerungen eines Terroristen« aus dem Jahre 1917, hatte ihn zu dem Drama angeregt.[9] Sawinkow beschreibt neben anderem die Aktivitäten und die Reflexionen einer kleinen Gruppe antizaristischer Widerstandskämpfer, die als streng geheim agierende Kampforganisation auf der Seite der, wie sie sich nannte, Sozialrevolutionären Partei Rußlands stand. Über diese Partei informiert sehr genau die Untersuchung von Manfred Hildermeier[10]; sie zeigt im einzelnen den populistischen und agrarsozialistischen Charakter dieser Partei auf. Es ging ihr also primär um die Sozialisierung von Grund und Boden. Die Sozialrevolutionäre Partei stand links von der Sozialdemokratie, allerdings lehnte sie den marxistischen Klassenbegriff ab. Sie wollte der energische Anwalt *aller* Ausgebeuteten und Geknechteten in Rußland sein; gleiche Gesinnung schloß sie zusammen, nicht derselbe Klassenstatus, schreibt Hildermeier.[11] Da ich kein Historiker bin, kann ich die mehr oder weniger labile und gefährdete Lage von Parteien im damaligen Rußland sowie deren Kontakte untereinander und vieles andere nicht beurteilen.

Versetzen wir uns, so gut es gehen mag, in die Situation einer kleinen, verschworenen Gruppe, die überzeugt ist, durch Anwendung gezielten individuellen Terrors, d. h. durch Attentate, ein offenkundiges Unrechtssystem zu beseitigen, das seit Jahrhunderten seine aristokratische, kirchlich abgestützte Herrschaft über ein vorwiegend armes Bauernvolk ausübte und vor Terror, Spitzelsystem, Zensur usw. nicht zurückschreckte. Eine solche Art von Herrschaft wollte man mit Terror bekämpfen, weil man alle anderen Möglichkeiten für nutzlos hielt.

Sawinkow war selbst der Leiter der Gruppe, deren Aktivitäten er

---

9 Vgl. Tgb. I, 233 (C II, 199), Notiz von 1947; s. B. Savinkov, *Erinnerungen eines Terroristen*. Nördlingen 1985 (Diese Memoiren wurden 1911–1914 aufgezeichnet und 1917 erstmals veröffentlicht; vgl. den »Vor- und Nachbericht« in dieser Ausgabe von H. M. Enzensberger, speziell XLV); sowie: J.-F. Rolland, *L'Homme qui défia Lénine – Boris Savinkov*. Paris 1989.

10 Vgl. M. Hildermeier, *Die sozialrevolutionäre Partei Rußlands. Agrarsozialismus und Modernisierung im Zarenreich 1900–1914*. Köln/Wien 1978.

11 Vgl. ebd. 68f; Enzensberger bezeichnet das Programm der Sozialrevolutionäre als »von Anfang an konfus«, vgl. a.a.O. XXXIX.

schildert. Sein Bericht spiegelt die Entschlossenheit, aber auch den ethischen Idealismus wider, der die einzelnen Mitglieder seiner Gruppe beseelte. Es waren fast ausnahmslos keine rücksichtslosen Mörder, sondern Widerstandskämpfer, die den Terror mehr nolens als volens auf sich nahmen. Dieses Moment des inneren Vorbehalts, dieser ethische Zweifel ist es, was Camus an diesem Kampf interessiert.

Allerdings ging es Camus nicht allein und in erster Linie um die Bühnenfassung eines historischen Stoffs, ja einer Episode in einem größeren Zusammenhang. Ihm ging es grundsätzlich um das Thema des politischen Mordens und Tötens. Hatte er zu Beginn des »Mythos von Sisyphos« von 1942 geschrieben, das einzige philosophische Problem sei der Selbstmord[12], so hat sich seine Fragestellung, zweifellos aufgrund der Erfahrung des Zweiten Weltkriegs, seines Terrors, speziell der Okkupation Frankreichs und der Résistance gegen die Nazis, zu der Problematik des Mordens und des Tötens um politischer bzw. ideologischer Zwecke willen verschoben. Kann man es überhaupt vermeiden, in diese Mordmaschinerie hineingezogen zu werden? Liegt die Tragik der Menschen nicht darin, daß die Gewalt in der Geschichte zugleich notwendig und unentschuldbar ist? Diese Fragen beherrschen das ganze Werk »L'Homme révolté«[13] (das Camus etwas gleichzeitig mit dem Drama »Les Justes« konzipiert); es enthält einen kurzen Abschnitt über die Sawinkow-Gruppe, und hier wie im Drama wird deutlich, daß Kaliayew und Dora Camus' Lieblingsgestalten sind.[14]

Da es Camus um das Prinzipielle ging – noch 1958 sagte er in einem Interview, das Stück »Les Justes« wäre nach wie vor aktuell[15], und gewiß würde er das heute auch noch sagen –, mußte er sich, ganz abgesehen von der Freiheit des Autors, nicht im einzelnen an Sawinkows Bericht halten. So hat er die Namen aus diesem Buch zum Teil verändert – Sawinkow z. B. heißt bei Camus Boris Annenkow, Dora Brilliant Dora Duljebow und Moiseenko, den Sawinkow als besonders

---

12 Vgl. MS 9 (E 99).
13 Vgl. MR 8f, bes. auch 138 (E 414f bzw. 575).
14 Vgl. MR 136–142 (E 571–579) sowie – zu Dora und Kaliayew – TRN 1731 (im Vorwort zu einer amerikanischen Ausgabe seiner Dramen, 1958). – Das Drama »Les Justes« wollte Camus zuerst »La Corde«/»Der Strick« nennen, vgl. Tgb. I, 268 u. 270 (C II, 262, u. 267).
15 Vgl. TRN 1715.

harten Terroristen charakterisiert, heißt hier Stepan Fjodorow –, er hat die Liebesbeziehung zwischen Iwan Kaliayew und Dora eingeführt, einige Abläufe und Details umgewandelt und vor allem im 4. Akt den Dialog im Gefängnis zwischen Kaliayew und der Großfürstin natürlich frei komponiert. Seine Bearbeitung der Vorlage kann sicherlich unter literaturwissenschaftlichen und theaterästhetischen Aspekten zur Beurteilung Camus' als Dramenautor wichtige Aufschlüsse geben; ich muß dies beiseite lassen und versuche lediglich, das Problem so zu skizzieren, wie Camus es sah und gesehen haben wollte. Camus selbst gibt uns dazu in »L'Homme révolté« einige Hinweise.

Kaliayew und seinen Brüdern, so bekennt er hier[16], gehört seine besondere Sympathie; sie sind für ihn die wahren, integren Symbolfiguren des revolutionären Kampfes gegen die Tyrannei. Wer ist also Camus' Kaliayew? Blicken wir auf das Ereignis, das die Aufmerksamkeit Camus' auf sich zieht.

Die kleine Zelle der Widerstandskämpfer hat den Auftrag, einen als besonders grausam geltenden Repräsentanten des zaristischen Unterdrückungsregimes, den Großfürsten Sergej, zu töten. Kaliayew, 28 Jahre alt, den man wegen seiner Vorliebe für Literatur und Kunst den »Dichter« nennt und der an Gott glaubt, auch wenn er kein Kirchgänger ist[17], ist bereit, die von Dora vorbereitete Bombe zu werfen. Doch er schreckt zurück, als er im letzten Moment sieht, daß die Frau des Großfürsten und zwei Kinder mit in der Kalesche sitzen, Unschuldige also, Nichtbeteiligte. Die Haltung Kaliayews wird in der Gruppe diskutiert und gebilligt, wobei ein Argument in den Mittelpunkt tritt: die *Ehre* in der revolutionären Aktion. Die Leserin/der Leser möge hierzu den »Dialog« zwischen Stepan und Kaliayew gegen Endes des 2. Aktes nachlesen; ich zitiere nur die entscheidenden Sätze.

Kaliayew sagt: »... einem fernen Staat zuliebe, dessen ich nicht sicher bin, werde ich meinen Brüdern nicht ins Gesicht schlagen. Ich will nicht um einer toten Gerechtigkeit willen zu der bestehenden Ungerechtigkeit beitragen.« (Leiser, doch entschieden:) »Brüder, ich will offen mit euch reden und euch zumindest sagen, was unser ein-

---

16 Vgl. MR 141 sowie 247f (E 579 sowie 708); vgl. Anm. 14.
17 Vgl. Dramen. Hamburg 1959, 275 (TRN 355); auch: MR 137 (E 573f). – Die französische Fassung von »Les Justes« in: TRN 301–393.

fachster Bauer sagen könnte: Kinder töten ist wider die Ehre. Und wenn sich eines Tages die Revolution von der Ehre abkehren sollte und ich noch lebe, dann werde ich mich von der Revolution abkehren ...« Als Stepan entgegnet: »Die Ehre ist ein Luxus für Leute, die in Kaleschen fahren«, erwidert Kaliayew: »Nein, sie ist das letzte Gut der Armen. Du weißt es genau, und du weißt auch, daß es in der Revolution eine Ehre gibt. Die nämlich, für die wir willig in den Tod gehen ...«

Kurz darauf wehrt sich Kaliayew abermals gegen Stepan: »Ich habe dich sagen lassen, ich glaubte nicht an die Revolution. Damit erklärtest du, ich sei fähig, den Großfürsten umsonst zu töten, ich sei ein Mörder.« Kaliayew aber versteht sich als ein Mensch, der für »Gerechtigkeit und Unschuld« eintritt: »Ich habe beschlossen zu sterben, damit der Mord nicht den Sieg erringt. Ich habe beschlossen, unschuldig zu sein.«[18]

Kaliayews Bereitschaft zum Handeln gerät nicht ins Wanken, und so wirft er beim zweiten Ansatz die Bombe. Der Großfürst wird getötet, Kaliayew verhaftet und später hingerichtet.

Es gibt also so etwas wie die Ehre in der revolutionären Aktion, eine Ehre, die darin besteht, daß man die human-ethische Zielsetzung nie aus dem Blick verliert, deretwegen die Revolte überhaupt nur geschieht. Die Widerstandskämpfer können sich nur dann nicht auch selbst für Mörder halten – als welche ihre Gegner sie selbstverständlich bezeichnen –, wenn sie diese Ehre empfinden und die fanatische Revolution, die die Ehre verrät, ablehnen. Hier offenbart sich mitten in der revolutionären Aktion – eine *Grenze*, die nicht überschritten werden darf, und damit ein *Wert*: der Wert des Humanen und des Ja zum Leben. Nur wenn der Kämpfer bereit ist, wegen dieses Wertes auch sein eigenes Leben einzusetzen, ja auf sein eigenes Glück zu verzichten – so wie Kaliayew und Dora aufeinander verzichten –, ist er kein Mörder, kein Verbrecher, sondern ein Vollstrecker der größeren Gerechtigkeit gegenüber einer tyrannischen »Ordnung«.

In dieser Bereitschaft zur Selbsthingabe oder zum »Opfer«, wie Camus auch schreibt[19], kommt die ethische Grundhaltung des Kaliayew und seiner Freunde zum Ausdruck.

---

18 Dramen, ebd. 264f (TRN 339–341).
19 Vgl. MR 137 u. 139 (E 574 u. 575).

Dies ist für Camus außerordentlich wichtig, denn als er das Stück schreibt, weiß er aus der Geschichte längst, daß es Terroristen gibt, die nicht von Hemmungen geplagt werden und die sich aufsparen wollen, also nicht zur Selbsthingabe bereit sind. So läßt er Kaliayew sagen, daß hinter Stepans Worten eine mörderische Gewaltherrschaft aufsteigt. Und in »L'Homme révolté« schreibt er: »Andere werden später kommen, vom gleichen verzehrenden Glauben erfüllt, welche diese Methoden für sentimental halten und sich weigern werden, zuzugeben, daß ein Leben gleich viel wert sei wie jedes andere. Sie werden dann über das menschliche Leben eine Idee stellen, die abstrakt ist, wenn sie sie auch Geschichte nennen ...«[20] Gerade darum aber, daß diese anderen nicht mehr kommen, daß eine solche Tyrannei, wie Camus sie schon erlebt hat und jetzt als Stalinismus erkennt, sich nie wieder erheben wird, geht es in diesem Drama.

Aber es hat seine *fünf* Akte. Wenn man es liest (und anschaut), wird man den anspruchsvollen Charakter der beiden letzten Akte empfinden, in denen eine subtile Auseinandersetzung stattfindet, die in den Köpfen und Herzen noch einmal vertieft, worum es in der Aktion ging. Dieses denkende Zurückkommen vollzieht sich in Dialogen, deren philosophisches und theologisches Niveau hohe Anforderungen stellt. Bringt man die besondere Anstrengung auf, die hier nötig ist, so hält sich die Spannung des Dramas bis zum Schluß durch. Es ist aber nicht zu verkennen, daß hier eine kompositorische Schwierigkeit besteht, die für den Gesamteindruck, den das Stück hinterläßt, durchaus auch negativ wirken mag.

Im vierten Akt also besucht die Großfürstin Elizaveta Fedorovna Kaliayew im Gefängnis. Dieses ungewöhnliche Zusammentreffen ist durch Sawinkow als historisch verbürgt.[21] Die Polizei verfolgte damit das Ziel, Kaliayew gegenüber seiner Gruppe als Verräter erscheinen zu lassen, der bereut und um Gnade gebeten hat; davon erhoffte man sich die innere Verunsicherung der Gruppe, aber nicht nur das.

Denn nicht minder wichtig als die Wirkung dieser »Begegnung« auf die Gruppe ist meiner Ansicht nach etwas anderes. Hier treffen zwei Welten aufeinander, zwei Arten zu empfinden und zu urteilen,

---

20 Ebd. 139 (E 576).
21 Vgl. B. SAVINKOV, *Erinnerungen eines Terroristen*, a.a.O. 128–130.

und selbst *zwei Arten, Christ zu sein.* Die Großfürstin ist unfähig, die politische Unrechts- und Widerstandsdimension zu begreifen; ihr Mann, der getötete Großfürst, ist für sie ein Mensch, der es auf seine Weise gut meinte und grausam ums Leben gebracht wurde. Sie möchte mit seinem Mörder beten, ihn zur Reue führen und sogar um seine Begnadigung bitten, allerdings mit dem Hintergedanken, ihm die eigene Rechtfertigung durch das Selbstopfer, den bewußt angenommenen Tod, und damit letztlich seine persönlich-existentielle Identität, eben seine Ehre zu nehmen. Kaliayew ist nicht ohne Mitgefühl für den Schmerz der Großfürstin, aber er bleibt sich, seiner Berufung und der Sache seiner Freunde treu.

Nur einige Sätze aus dem »Dialog« zwischen der Großfürstin und Kaliayew seien angeführt. Sie fragt: ». . . mit wem soll man über den Mord reden, wenn nicht mit dem Mörder?« Darauf Kaliayew: »Was für ein Mord? Ich weiß nur von einer Tat der Gerechtigkeit.« Und dann:

». . . Du mußt leben und es auf dich nehmen, ein Mörder zu sein. Hast du ihn nicht getötet? Gott allein kann dich lossprechen.«

K.: »Welcher Gott, der meine oder der Ihre?«

DIE GROSSFÜRSTIN: »Der Gott der Heiligen Kirche.«

K.: »Sie hat hier nichts zu suchen.«

DIE GROSSFÜRSTIN: »Sie dient einem Herrn, der ebenfalls den Kerker erfahren hat.«

K.: »Die Zeiten haben sich geändert. Und die Heilige Kirche hat im Erbe ihres Herrn eine Auswahl getroffen.«

DIE GROSSFÜRSTIN: »Was willst du damit sagen?«

K.: »Sie hat die Gnade für sich behalten und es uns überlassen, Nächstenliebe zu üben.«

DIE GROSSFÜRSTIN: »Wem, uns?«

K. *schreiend*: »All denen, die Ihr an den Galgen bringt!« *Schweigen.*

DIE GROSSFÜRSTIN *sanft*: »Ich bin nicht Ihre Feindin.«

K. *verzweifelt*: »Sie sind meine Feindin, Sie und Ihre ganze Sippschaft. Es gibt etwas noch Schändlicheres, als ein Verbrecher zu sein, nämlich einen Menschen zum Verbrechen zu zwingen, der nicht dafür geschaffen ist.«[22]

---

22 Vgl. Dramen, a.a.O. 286 u. 287f (TRN 371 u. 373f).

Es scheint mir durchaus berechtigt zu sagen, daß Camus hier *zwei politisch-theologische Positionen einander gegenüberstellt.* Camus, der nicht Christ ist, aber nicht ohne Sinn für das Heilige[23], kann nicht auf der Seite des Macht- und Sieger-Christentums stehen, das die Großfürstin repräsentiert; ihr Christentum ist so sehr spiritualisiert, daß sie dessen gefährliche politische Liaison überhaupt nicht mehr bemerkt. Wenn sie ausruft: »die Erde ist eine Wüste«[24], so meint sie allgemein und in einer gewissen politischen Abstraktheit – als diese jedoch nicht zu unrecht –, daß die Welt ein Tal der Tränen ist.

Kaliayew dagegen hat zu dieser Art Kirche und Christentum keinen Zugang. Hier muß an das erinnert werden, was ich schon kurz erwähnt habe und was meines Wissens in den meisten Interpretationen von »Les Justes« übersehen oder nicht angemessen gewürdigt wird: Kaliayew glaubt an Gott, auch wenn er, wie Dora sagt, kein Kirchgänger ist. Bevor Kaliayew und Dora für immer voneinander Abschied nehmen, sagen sie sich gegenseitig das Losungswort: »La Russie sera belle«, und Kaliayew bekreuzigt sich vor einer Ikone, bevor er hinausgeht.[25]

Zweifellos erinnert uns Camus an den Gegensatz zwischen dem einzelnen Christen, der glaubt – man bedenke auch die Bedeutung der Ikone in der orthodox-christlichen Frömmigkeit –, und der Großkirche, die auf eine so andere Weise glauben zu müssen meint, – zwei Welten, zwischen denen eine Verständigung nicht möglich ist. Kaliayew wendet sich unmittelbar vor der Hinrichtung durch den Strang von dem Kruzifix ab, das ihm der hier im Namen der Großkirche tätig werdende Priester hinhält.[26]

Ich brauche diesen Antagonismus zwischen dem gläubigen Einzelnen und der Großkirche als Institution, der ja bis heute weiter besteht,

---

23 Vgl. Interview mit Jean-Claude Brisville in dessen Buch: *Camus.* Paris 1959, 190 (auch in: E 1923); s. auch: R. REICHELBERG *Albert Camus. Une approche du sacré.* Paris (Nizet) 1983; H. R. SCHLETTE, *Revolte und Geheimnis (secret/mystère)*, in: H. R. S./ F. J. Klehr (Hrsg.), »Helenas Exil«. Albert Camus als Anwalt des Griechischen in der Moderne. (Hohenheimer Protokolle, Bd. 36) Rottenburg/Stuttgart 1991, 99–119; im vorliegenden Band S. 140-158.

24 Dramen, a.a.O. 287 (TRN 373).

25 Ebd. 274 (TRN 354); vgl. MR 137 (E 573f); B. SAVINKOV, *Erinnerungen eines Terroristen*, a.a.O. 70 sowie 41–43, 47, 114, 144.

26 Vgl. Dramen, a.a.O. 299 (TRN 390).

hier nicht zu beschreiben, es ist nur zu beachten, daß Camus *als Außen-stehender* ihn klar erkannt hat; seine Erfahrungen mit dem Christentum im französischen Algerien, in Franco-Spanien, während der Okkupation in Frankreich und vieles andere stehen dabei im Hintergrund.

Trotz der diskreten Andeutungen zu Kaliayews christlicher Gläubigkeit darf man aber nicht übersehen, daß Camus keineswegs diese Art des Glaubens als das primäre Motiv der Handlungsweise Kaliayews darstellt. Dessen Engagement entsteht vielmehr aus säkularer Verantwortung für die wahre Gerechtigkeit, für die zu kämpfen den Menschen aufgegeben ist. So sagt er im Gefängnis zu dem Wärter, der übrigens ein Spion ist: »Gott vermag nichts. Die Gerechtigkeit ist unsere Sache.«[27] Und noch deutlicher, wenn man will: noch mehr auch in der Denkweise Camus', äußert Kaliayew sich in dem Gespräch mit der Großfürstin. Als diese sagt: »Es gibt keine Liebe außer in Gott«, erwidert er: »Doch. Die Liebe zur Kreatur.«[28] Dies erinnert an eine Formulierung des jungen Camus, mit der er einen bekannten Satz des johanneischen Jesus (vgl. Joh 18, 36) umkehrt: »Mein Reich ist von dieser Welt.«[29] Weder Kaliayew noch Camus sprechen aus einer materialistischen oder gar nihilistischen Überzeugung heraus, vielmehr klingt hier jene Affirmation der Welt und des Lebens an, die das Griechische in Camus, auf die Ebene heutiger Erfahrung transponiert, ausmacht.

In dem letzten, relativ kurzen Akt schildert Camus die Reaktion der Gruppe auf Kaliayews Verurteilung und Hinrichtung. Dora hat begriffen, daß Kaliayew als seine Rechtfertigung den Tod will, und sie wünscht ihm, daß er stirbt, weil er nur so seinen Frieden mit sich selbst finden könne. Aber trotzdem äußert sie Zweifel daran, ob der Weg der Gruppe richtig ist. Sie sagt: »Wenn der Tod die einzige Lösung ist, befinden wir uns nicht auf dem richtigen Weg. Der rechte Weg führt zum Leben, an die Sonne. Man kann nicht unablässig frieren ...« Annenkow antwortet ihr: »Auch dieser Weg führt zum Leben. Zum Leben der anderen. Rußland wird leben, unsere Enkelkinder werden leben. Denk an Janeks Worte: ›Rußland wird schön sein.‹« Und als An-

---

27 Ebd. 279 (TRN 361).
28 Ebd. 289 (TRN 375).
29 Vgl. Tgb. I, 11 (Januar 1936) (C I, 22).

nenkow Dora fragt, ob sie denn wirklich zweifelt und ob sie überhaupt noch zu ihnen gehöre, antwortet sie: »O Borja, ich gehöre zu euch! Ich werde bis zum Ende durchhalten. Ich hasse die Tyrannei, und ich weiß, daß wir keinen anderen Weg gehen können. Aber mit freudigem Herzen habe ich ihn gewählt, und mit traurigem Herzen gehe ich ihn weiter. Das ist der Unterschied. Wir sind Gefangene.«[30] Schließlich bittet sie Annenkow um eine Bombe. Aber sie sagt auch: ». . . was für einen entsetzlichen Geschmack hat zuweilen die Brüderlichkeit!«[31] – ein Satz, der an den Ausspruch der Madame Roland vor der Hinrichtung auf dem Schafott (am 8. November 1793) erinnert: »O Freiheit, was für Verbrechen werden in deinem Namen begangen!«[32]

Nachdem die Nachricht von der Hinrichtung Kaliayews eingetroffen ist, überwindet Dora ihre Zweifel und Fragen; sie sagt: »Weint nicht. Nein, nein, ihr sollt nicht weinen! Ihr seht doch, daß dies der Tag der Rechtfertigung ist. Zu dieser Stunde steht etwas auf, unser, der Empörer Zeugnis: Janek ist kein Mörder mehr.« Mit diesem durch seinen Tod gerechtfertigten Janek möchte Dora vereint sein. Annenkow gewährt ihr, die nächste Bombe werfen zu dürfen.[33] Dieser Ausklang des Dramas läßt das Motto aus »Romeo und Julia« (IV, 5) einsichtig werden, das Camus dem Stück vorangestellt hat:

»O love! O life! Not life but love in death!

»O Liebe! O Leben! Nicht Leben, aber Liebe im Tod.«[34]

Das Drama »Les Justes« führt somit über die Ebene des von Camus analysierten und verurteilten wilden Terrorismus hinaus in den Bereich der (religiös-metaphyischen) Tragik, die bleibend zum Menschsein gehört. Mit einer Kasuistik, die sich, gewissermaßen am grünen Tisch, mit der Frage beschäftigt, was im revolutionären Kampf gegen eine Tyrannei sittlich erlaubt sei, wird man Camus nicht gerecht. Er lehrt uns nur, daß es eine Ehre und daß es Grenzen gibt. In dem schönen, 1948 erschienenen Text »Helenas Exil« hat Camus geschrieben: »Das griechische Denken wurde immer durch die Vorstellung der Grenze aufgehalten. Nichts wurde bis zum Ende fortgetrieben, weder

30 Dramen, a.a.O. 295 u. 296 (TRN 383 u. 385).
31 Ebd. 298 (TRN 387).
32 Zit. n. E. SCHULIN, *Die Französische Revolution*. München 1988, 214.
33 Dramen, a.a.O. 300, vgl. 301 (TRN 392; 393).
34 Ebd. 239 (TRN 303).

das Heilige noch die Vernunft, weil es nie etwas verleugnete, weder das Heilige noch die Vernunft. Es hat alles einbezogen, den Schatten durch das Licht ins Gleichgewicht bringend ... Nemesis wacht, die Göttin des Maßes, nicht der Rache. Alle, die die Grenzen überschreiten, werden von ihr unerbittlich gestraft.«[35] Daß aber diese Erinnerung an das Griechische ganz in der aufgeklärten Säkularität steht, sagen unmißverständlich einige Sätze am Ende von »L'Homme révolté«: »Kaliayew und seine Brüder auf der ganzen Welt verwerfen ... die Göttlichkeit, denn sie weisen die unbegrenzte Macht, den Tod zu geben, von sich. Sie erwählen und geben uns damit ein Beispiel, die einzige Richtschnur, die heute originell ist: leben und sterben lernen und, um Mensch zu sein, sich weigern. Gott zu sein.«[36]

Andere werden kommen, so hat Camus geschrieben, für die jene Ehre, die er an Kaliayew und Dora liebte, nur eine Illusion ist.[37] Camus wußte, daß sie gekommen waren, denn sie waren für ihn erfahrene Realitäten; ihre Schrecklichkeiten mußte er im Unterschied zu uns heute nicht erst in mühsamer Erinnerungsarbeit sich vergegenwärtigen.[38]

---

35 Vgl. Helenas Exil, in: L'Eté/Heimkehr nach Tipasa: LE 154f (E 853); s. auch H. R. SCHLETTE, *Albert Camus und »die Griechen«. Zum Europa-Bild in »L'Homme révolté«*, in: Orientierung 55 (1991) 152–158; im vorliegenden Band S. 105-124.

36 MR 247f, vgl. 141f (E 708, vgl. 578f); s. auch M. WEYEMBERGH, *Théâtre et politique chez Albert Camus*, in: Albert Camus et la théâtre, a.a.O. 45–56, bes. 53–56.

37 Vgl. MR 139 (E 576).

38 Vgl. J. B. METZ, *Anamnetische Vernunft. Anmerkungen eines Theologen zur Krise der Geisteswissenschaften*, in: Zwischenbetrachtungen. Im Prozeß der Aufklärung. Jürgen Habermas zum 60. Geburtstag, hrsg. v. A. Honneth u. a. Frankfurt/M. 1989, 733–738.

IV

Zur Kritik der Technik

Daß Camus' Ansicht über die Technik in den Rahmen seiner Kritik an Hochmut und Maßlosigkeit Europas gehört, hat bereits Jeanyves Guérin in seinem vorzüglichen Aufsatz »L'Europe dans la pensée et l'œuvre de Camus« von 1985 erwähnt[1]. Es fehlt indes, wenn ich mich nicht irre, in der Camus-Literatur eine explizite und monographische Bearbeitung des Themas Technik. Da nicht nur die historische Frage nach dem Ursprung der Technik, sondern auch die philosophische Reflexion über den Sinn, wenn man will: das *Wesen* der Technik uns auf Europa verweist, möchte ich Camus' Ansicht hier mit drei philosophischen Positionen konfrontieren, die für das europäische Denken über die Technik einigermaßen repräsentativ sein dürften, nämlich – in alphabetischer Reihenfolge – mit der Position Ernst Blochs, Romano Guardinis und Martin Heideggers. Die durchaus subjektive Auswahl dieser Philosophen mag eine schwache Rechtfertigung von daher erhalten, daß deren Reflexionen in gewissem Maße mit der Zeit Camus' koinzidieren. Vieles andere wäre natürlich ebenfalls zu erwähnen, es existiert bekanntlich so etwas wie eine »Philosophie der Technik« mit einer ausgedehnten Literatur, doch muß ich mich hier beschränken. Auch möchte ich sogleich hinzufügen, daß – was ja offensichtlich ist – Camus eine kohärente Theorie der Technik nicht vorgelegt hat und daß es methodisch zweifellos sehr problematisch ist, ihn mit Bloch, Guardini und Heidegger zu vergleichen. Ich meine aber, zeigen zu können, daß Camus in seinen wenigen Aussagen über die Technik, wenn man sie im Rahmen seines theoretischen Ansatzes liest, eine eigenständige und bedenkenswerte Position eingenommen hat.

---

1 In: Albert Camus. Textes réunis p. P.-F. Smets. A l'occasion du 25ᵉ anniversaire de la mort de l'écrivain. Bruxelles 1985, 57–70, spez. 67.

Ernst Bloch (1885–1977) vertrat bekanntlich eine besondere Variante von Marxismus, deren Schlüsselworte heißen: Natur bzw. Materie, Noch-nicht-Sein, Utopie, Hoffnung. In seinem großen Werk »Das Prinzip Hoffnung«, das Bloch in den vierziger Jahren im Exil in den U.S.A. niederschrieb, behandelt er die philosophische Technik-Problematik bezeichnenderweise unter dem Titel: »Wille und Natur, die technischen Utopien« (Kap. 37). Marx und der sogenannte Marxismus teilen, wie man weiß, mit dem Progreß-Denken der Moderne hohe Erwartungen an eine mit Hilfe der Technik und der ihr korrespondierenden Wissenschaft gestaltete Zukunft; spezifisch ist dabei die Verquickung des Technik-Problems mit den Problemen der Ökonomie, der Gesellschaft und der politischen Herrschaft. All dies gilt auch für Bloch.

Technik ist also für ihn – wie übrigens für die meisten, die sich um eine philosophische Interpretation bemüht haben – nicht bloß ein neutrales Instrument, das der Mensch so oder so verwenden kann, sondern der späte Ausdruck des Verhältnisses der Menschheit als ganzer zur Natur überhaupt. »Natur« ist für Bloch nicht eine pure Materialmasse, die uns als Objekt, als res extensa lediglich gegenübersteht, sondern etwas Lebendiges, das wir durch Wissenschaft und Technik in eine bestimmte Gestalt bringen. Bloch trägt hier, wie auch sonst, eine Fülle historischen Wissens zusammen, um diese innere Verbindung von Naturerkenntnis, Naturaneignung und Naturverwandlung aufzuzeigen. Aufgrund der modernen »Maschine« kommt es jedoch immer mehr zu einer Entfernung von der Natur. Das bedeutet, daß »der alte Begriff natura naturans«, der ein »Subjekt der Natur« anvisiert habe und der seit Averroës auf *»schöpferische Materie«* bezogen gewesen sei, tendenziell ersetzt wird durch ein Verständnis der Welt als einer um den Menschen herum bestehenden »disparaten Steinwand«[2]. Dieser banalen Materialisierung der Natur soll dadurch entgegengewirkt werden, daß der Mensch, d. h. der arbeitende Mensch als »Subjekt der Geschichte«[3], Mitproduzent eines möglichen Naturprojekts wird[4]. So kann Bloch schreiben: »Marxismus der

2 E. BLOCH, *Das Prinzip Hoffnung.* Frankfurt 1959, 787.
3 Ebd. 813.
4 Vgl. ebd. 802.

Technik, wenn er einmal durchdacht sein wird, ist keine Philanthropie für mißhandelte Metalle, wohl aber das Ende der naiven Übertragung des Ausbeuter- und Tierbändigerstandpunktes auf die Natur.«[5] Die natura naturans, so meint Bloch, sei zwar nicht mehr mythisch zu verstehen[6], doch dies ist für ihn keineswegs ein Freibrief für eine Art von »Naturbeherrschung« die wegen der Verquickung mit Ökonomie und Politik zu einer »Gewaltgesellschaft« führen müsse[7]. »Unsere bisherige Technik«, so schreibt Bloch, »steht in der Natur wie eine Besatzungsarmee in Feindesland, und vom Landesinnern weiß sie nichts, die Materie der Sache ist ihr transzendent.«[8]

Bloch verwendet bereits das Wort »naturpolitisch«[9] und plädiert gegen eine »natura dominata«, jedoch keineswegs in nostalgischer Weise, sondern als Ruf nach einer anderen, besseren Technik. Der Schlußsatz jenes Kapitels im »Prinzip Hoffnung« lautet: »Gesetzt den Fall, das Herz der Erde wäre von Gold, so wurde dieses Herz noch keinesfalls als solches gefunden und hat auch nur dann seine Güte, wenn es in den Werken der Technik endlich mitschlägt.«[10]

Wie der Politologe Iring Fetscher hervorgehoben hat, finden sich Reflexionen über ein nicht-ausbeuterisches Verhältnis zur Natur schon bei Marx selbst.[11] Auch bei Herbert Marcuse findet man ähnliches wie bei Bloch.[12] Hier mögen, wie Habermas schon 1968 erklärt hat[13], Illusionen in bezug auf eine andere Form von Technik im Spiele sein, aber die Kritik Blochs ist zweifellos nicht aus der Luft gegriffen; sie kann auf jeden Fall dazu beitragen, jene Ahnungslosigkeit zu überwinden, die in der bloß instrumentalistischen Auffassung von Technik

5 Ebd. 813.
6 Vgl. ebd. 815.
7 Vgl. ebd. 814.
8 Ebd.
9 Ebd. 815; vgl. C. AMERY, *Natur als Politik. Die ökologische Chance des Menschen.* Reinbek 1976.
10 E. BLOCH, ebd. 817.
11 Vgl. I. FETSCHER, *Karl Marx und das Umweltproblem*, in: I. F., Überlebensbedingungen der Menschheit. Zur Dialektik des Fortschritts. München 1980, 110–154.
12 Vgl. H. MARCUSE, *Der eindimensionale Mensch. Studien zur Ideologie der fortgeschrittenen Industriegesellschaft.* Neuwied/Berlin 1967, 180f.
13 Vgl. J. HABERMAS, *Technik und Wissenschaft als »Ideologie«*, in dem gleichnamigen Band von J. H. Frankfurt 1968, 48–103, speziell 55–58.

zum Ausdruck kommt, und erst recht jenes Verständnis von Wissenschaft und Technik zurückzuweisen, das in ihnen nur Sachzwänge walten zieht, denen wir uns bis in Ethik und Politik hinein lediglich anzupassen hätten, eine Auffassung, die Habermas mit Recht als »Ideologie« kritisiert hat.[14]

Eine eher phänomenologisch, anthropologisch und ethisch zu nennende Auffassung von Technik findet man bei *Romano Guardini* (1885–1968). Er war nicht nur ein bedeutender katholischer Reformtheologe, sondern auch ein hochgeschätzter Kulturphilosoph, der – ähnlich wie Karl Jaspers, über den man hier natürlich auch sprechen könnte – in einer breiten Öffentlichkeit Resonanz fand. Guardini erhielt 1962 den berühmten Erasmus-Preis und sprach bei dieser Gelegenheit in Brüssel über das Thema »Europa – Wirklichkeit und Aufgabe«.[15] In den »Briefen vom Comer See«, aus seiner italienischen Heimat, hat Guardini bereits in den zwanziger Jahren beschrieben, wie die moderne Technik trotz all ihres Nutzens für die Menschen die überkommene Landschaft und Kultur des alten Europa zum Negativen hin verändert. Dies sind immer noch lesenswerte Reflexionen, ja ökologische Texte avant la lettre, in denen ohne Zweifel nostalgische, ja im guten Sinne romantische Empfindungen mitschwingen. Guardini war jedoch weitblickend genug, um das Technikproblem nicht bloß von gewissen Verlusten her zu interpretieren, sondern aus dem weiten Zusammenhang des Verhältnisses von Natur und Kultur und vor allem in Verbindung mit dem modernen Problem der Macht sowohl über die Natur als auch über den Menschen selbst. Diese Gedanken hat Guardini vor allem in seinen bekannten Büchern »Das Ende der Neuzeit« (1950) und »Die Macht« (1951) entwickelt.

Das entscheidende Problem liegt für Guardini darin, ob der Mensch der Zukunft der unheimlichen Machtfülle, die er politisch wie technisch in Händen hält, ethisch gewachsen sei, oder anders gesagt: ob und wie er »Macht über die Macht«[16] erlangen könne. Guardini schreibt: »Der neuzeitliche Mensch ist auf den ungeheuren Aufstieg

---

14 Vgl. ebd. 84 u. 88–91.

15 Vgl. R. Guardini, *Sorge um den Menschen*. Würzburg 1962, 253–270.

16 R. Guardini, *Das Ende der Neuzeit. Ein Versuch zur Orientierung*. Würzburg ³1951, 105.

seiner Macht nicht vorbereitet.«[17] Da Guardini den Menschen, zweifellos aus der christlich-abendländischen Tradition, stets als ein freies, personales Wesen denkt, kann er zugleich sagen, es gäbe »keine Garantie dafür, daß die Freiheit sich richtig entscheide.«[18] Nicht zuletzt unter dem Eindruck der Bedrohlichkeit der atomaren Kräfte sind die folgenden Sätze zu lesen:»Wissenschaft und Technik haben die Energien der Natur wie des Menschen selbst derart zur Verfügung gestellt, daß Zerstörungen schlechthin unabsehbaren Ausmaßes, akute wie chronische, eintreten können. Mit genauestem Recht kann man sagen, daß von jetzt an ein neuer Abschnitt der Geschichte beginnt. Von jetzt an und für immer wird der Mensch am Rande einer sein ganzes Dasein betreffenden, immer stärker anwachsenden Gefahr leben.«[19]

Obwohl Guardini (wie viele andere auch) auf die bedrohlichen Phänomene einer zunehmenden Entfernung von der Natur, auf Vermassung, Egalisierung usw. hingewiesen hat, liegt für ihn der wahre Grund der Problematik in der Herausforderung durch die außerordentlich große Macht, die die Technik dem Menschen verschafft. Charakteristisch für seine Denkweise ist eine Tagebuchnotiz von 1953, die lautet:»Ich lese mit großer Beteiligung das Buch von Moorehead über die drei Verräter von Atomgeheimnissen. Welche Mentalität da heraufkommt!«[20] Was hier bedrohlich, ja als »Gefahr« im höchsten Sinne vernehmbar wird, ist für Guardini ein »Beispiel für den aus der Autonomiehaltung kommenden Nihilismus«[21], wobei die von ihm kritisierte Autonomie die Verabsolutierung des neuzeitlichen Subjekts meint, die keine Maßstäbe verbindlicher Art oder gar religiöser Herkunft anerkennt. Guardini will jedoch nicht in einem trivialen Sinne als Pessimist verstanden werden[22] und sieht daher einen Sinn darin, zu den Tugenden des Ernstes und der Tapferkeit sowie zu der richtig

---

17 Ebd. 102.
18 Ebd.
19 Ebd.
20 R. Guardini, *Wahrheit des Denkens und Wahrheit des Tuns. Notizen und Texte 1942–1964,* hrsg. v. F. Messerschmidt. Paderborn 1980, 42; vgl. A. Moorehead, *Verratene Atomgeheimnisse. Nunn May, Klaus Fuchs, Pontecorvo.* Braunschweig 1953; s. auch ders., *Der Fall Fuchs. Die Geschichte eines Atomverräters,* in: Der Monat 5 (1952) 396–417, 510–526, 634–651.
21 R. Guardini, *Wahrheit des Denkens und Wahrheit des Tuns,* a.a.O. 43.
22 Vgl. R. Guardini, *Das Ende der Neuzeit,* a.a.O. 105.

verstandenen Askese aufzurufen.[23] Er hat also die Ansicht nicht aufgegeben, daß der Mensch »nach der Neuzeit« – man darf hier wirklich sagen: der Mensch der »Postmoderne« – die Gefahr abwenden kann. Der Fata morgana einer ganz anderen Technik folgt er nicht. Seine Überlegungen sind zumeist sehr allgemein gehalten, und die Zusammenhänge zwischen Technik, Ökonomie und Gesellschaft werden nicht näher entfaltet. Natürlich war Guardini kein »Linker«, aber er war sicherlich auch kein »Rechter«, vielmehr ein Philosoph, der phänomenologisch und ethisch das Gesamte der Kultur in der Zeit nach der Neuzeit zu verstehen suchte und deswegen Warnungen und Empfehlungen aussprach.

Am markantesten in der philosophischen Technikdiskussion der letzten Jahrzehnte ist zweifellos die Position *Heideggers* (1889–1976). Da sie aus der Mitte seines philosophischen Denkens hervorgeht, jedenfalls aus seinem Denken nach der berühmten, in die dreißiger Jahre fallenden »Kehre«, kann ich hier seine Überlegungen nur in aller Kürze paraphrasieren. Es liegt nahe, sich auf den Vortrag »Die Frage nach der Technik« aus dem Jahre 1953 zu beziehen, doch müßten auch zahlreiche andere Texte hinzugezogen werden. Ich riskiere also ein äußerst gerafftes, auf viele Erläuterungen verzichtendes Resümee.

Da es an dieser Stelle gewiß nicht notwendig und auch nicht möglich ist, auf die neu entfachte Diskussion über Heidegger und den Nationalsozialismus einzugehen, möchte ich zunächst lediglich erwähnen, daß Heidegger 1935 die »Begegnung der planetarischen Technik und des neuzeitlichen Menschen« als ein wesentliches Moment des Nationalsozialismus positiv hervorgehoben hat.[24] Was er damit genau meinte, läßt sich aus dieser knappen Formulierung nicht erkennen; immerhin sah Heidegger richtig, daß der Nationalsozialismus nicht nur mit »Blut und Boden«, sondern auch mit Technik zu tun hatte, einer Technik, die Heidegger hier bereits als »planetarisch« bezeichnet. Doch blicken wir hier zweckmäßigerweise auf Heideggers viel diskutierten Technikvortrag, den ich schon erwähnte.[25]

23 Vgl. ebd. 104f.
24 Vgl. M. Heidegger, *Einführung in die Metaphysik.* Tübingen [2]1958, 152.
25 Vgl. M. Heidegger, *Die Frage nach der Technik,* in: M. H., Vorträge und Aufsätze. Pfullingen 1954, 13–44.

Nach Heidegger ist in der Technik einseitig die Herrschaft der causa efficiens wirksam geworden, die übrigen aristotelischen Ursachen wurden vergessen. Vergessen wurde aber in der Geschichte des Abendlandes von Platon bis Nietzsche vor allem, was Heidegger das »Sein« nennt und vom Seienden bzw. dem Sein dieses Seienden unterscheidet. Das Heideggersche »Sein« läßt sich letztlich nur »denken« oder aber »erfahren« als das Überhaupt-Sein im Unterschied zum Nichts. An die Stelle des Nachdenkens über das Sein, das von Heraklit und Parmenides noch erfahren wurde, trat nach Heidegger immer mehr das Interesse am Seienden. Bezeichnet man mit Heidegger das philosophische Interesse am Seienden als »Metaphysik«, dann kann man, in weiter Perspektive, sagen, die moderne Technik sei, als Ausdruck der Vergessenheit des Seins zugunsten des Seienden, die äußerste Konsequenz der Metaphysik.

Heidegger lehnt es entschieden ab, die entstandene Situation lediglich anthropologisch und ethisch zu beurteilen. Sie ist für ihn vielmehr das Ergebnis eines geschichtlichen Geschicks, innerhalb dessen die Menschen gar nicht anders können, als die Natur als den Gesamtbestand des Seienden auf ihre Energien und Möglichkeiten hin wissenschaftlich und technisch heauszufordern. Dieses Herausfordern der Natur ist jedoch nach Heidegger im Grunde gar nicht die Tat des Menschen, vielmehr ist der Mensch selbst geschichtlich-geschicklich herausgefordert, seinerseits die Natur herauszufordern. Das ist der Sinn des seltsamen Wortes »das Gestell«.[26] Doch nun verhält es sich nach Heidegger so, daß am Ende dieses metaphysischen Weges zwar die »äußerste Gefahr« sich abzeichnet, aber eben diese äußerste Gefahr ist zugleich die »Konstellation«, in der, wie Heidegger mit Hölderlin sagt, das Rettende wächst.[27]

Heidegger hat nachdrücklich versichert, er sei nicht gegen die Technik, sein Denken gelte vielmehr dem *Wesen* der Technik[28], d. h. dem, was sie im Grunde bedeute. Dieses Wesen der Technik schildert Heidegger vorwiegend als bedrohlich, als »die Gefahr« im emphati-

---

26 Vgl. ebd. 27 u. ö.
27 Vgl. ebd. 36f u. 41.
28 So noch in dem Gespräch mit R. Wisser im Zweiten Deutschen Fernsehen am 24. 9. 69, in: Antwort. Martin Heidegger im Gespräch, hrsg. v. G. Neske u. E. Kettering. Pfullingen 1988, 25.

schen Sinne dieses Wortes. Doch er erkennt in der Größe der Gefahr die Chance der Rettung – nicht primär aus menschlicher Vernunfteinsicht oder Verantwortung, sondern, wie mir scheint, aus einem eher vitalen Sich-Aufbäumen der menschlichen Gattung gegen die Möglichkeit ihres Untergangs. Aber er tritt in dieser Situation nicht für irgendeine Revolution ein, sondern empfiehlt Gelassenheit, Einfachheit, »Denken« im Sinne der Aufmerksamkeit für das Sein statt Philosophie, »Metaphysik« und anderer Weisen der Verfallenheit an das Seiende. Von Geld, Ökonomie, Herrschaftsstrukturen ist nicht die Rede; die Warnungen des späten Heidegger klingen zwar zum Teil plausibel, jedoch – selbst in ihrer optimistischen Erwartung einer Rettung – auch tragizistisch, um nicht zu sagen »fatalistisch«, obwohl sich Heidegger gegen den Schicksalsbegriff wehrt.

Ich füge noch einige Sätze Heideggers aus dem bekannten »Spiegel«-Interview aus dem Jahre 1966 an, die sehr gut verdeutlichen, worum es ihm ging: »Es funktioniert alles. Das ist gerade das Unheimliche, daß es funktioniert und daß das Funktionieren immer weiter treibt zu einem weiteren Funktionieren und daß die Technik den Menschen immer mehr von der Erde losreißt und entwurzelt. Ich weiß nicht, ob Sie erschrocken sind, ich bin jedenfalls erschrocken, als ich jetzt die Aufnahmen vom Mond zur Erde sah. Wir brauchen gar keine Atombombe, die Entwurzelung des Menschen ist schon da. Wir haben nur noch rein technische Verhältnisse. Das ist keine Erde mehr, auf der der Mensch heute lebt. Ich hatte kürzlich ein langes Gespräch mit René Char in der Provence, wie Sie wissen, dem Dichter und Widerstandskämpfer. In der Provence werden jetzt Raketenbasen errichtet, und das Land wird in einer unvorstellbaren Weise verwüstet. Der Dichter, der gewiß nicht im Verdacht der Sentimentalität steht und einer Verherrlichung der Idylle, sagte mir, die Entwurzelung des Menschen, die da vor sich geht, ist das Ende, wenn nicht noch einmal Denken und Dichten zur gewaltlosen Macht gelangen.«[29]

Die Gefahr, die Heidegger beschwört, besteht, wie er in dem Vortrag »Gelassenheit« von 1955 formulierte, darin, »daß eines Tages das rechnende Denken *als das einzige* in Geltung und Übung bliebe«; dann

---

29 Der SPIEGEL v. 31.5.1976, 30. Jg., Nr. 23, S. 206/209; auch in: Antwort, a.a.O. 98. (Das Interview wurde erst nach Heideggers Tod veröffentlicht.)

aber »ginge mit dem höchsten und erfolgreichsten Scharfsinn des rechnenden Planens und Erfindens – die Gleichgültigkeit gegen das Nachdenken, die totale Gedankenlosigkeit zusammen. Und dann? Dann hätte der Mensch sein Eigenstes, daß er nämlich ein nachdenkendes Wesen ist, verleugnet und weggeworfen. Darum gilt es, das Nachdenken wach zu halten.«[30]

Doch nun zu *Camus*! Natürlich findet man bei ihm, wie ich schon sagte, keine »Philosophie der Technik«. Aber man darf nicht übersehen, daß Camus an vielen Stellen seines Werkes, vor allem in »L'Homme révolté«, sich zu dem Thema Technik geäußert hat. Dabei fällt alsbald auf, daß Camus sich weniger für das »Wesen« der Technik interessiert als vielmehr für die Art, wie die Menschen mit ihr umgehen; dies scheint auf den ersten Blick dafür zu sprechen, daß Camus den instrumentalistischen Standpunkt vertritt, doch er geht, wie ich zeigen möchte, durchaus darüber hinaus.

Zwei Tage nach dem Abwurf der Atombombe auf Hiroshima schreibt Camus im »Combat« (am 8. August 1945): »Die mechanische Zivilisation hat soeben den letzten Grad ihrer Wildheit erreicht.« (E 291: »la civilisation mécanique vient de parvenir à son dernier degré de sauvagerie.«) Es gelte jetzt, definitiv »zwischen der Hölle und der Vernunft« zu wählen (E 293: »de choisir définitivement entre l'enfer et la raison.«). Dieses Urteil, mit dem Camus damals allein stand, betrifft offenbar nicht die Technik als solche, sondern deren äußerste Wildheit und Gefährlichkeit.

Mancherlei Urteile über die Technik findet man in den Tagebüchern über die Amerika-Reisen 1946 und 1949. Camus klagt über den Verkehr (z. B. R 40; J 48); Manhatten ist eine »Wüste aus Eisen und Beton« (R 40; »ce désert de fer et de ciment«, J 48); das Flugzeug nennt er »ein barbarisches und rückschrittliches Verkehrsmittel« (»moyen de locomotion barbare et rétrograde«), mit dem zu reisen »stumpfsinnig« (»stupidité«, J 140) sei (R 117); es sei ein »metallener Sarg« (R 120) (»un cercueil métallique«, J 144); die Musikbox stört ihn (R 27; J 31); in Brasilien notiert er den Kontrast zwischen dem »Luxus der Paläste und der modernen Architektur und den favelas« (R 62) (»l'étalage de luxe des palaces et des buildings modernes avec

---

30 M. HEIDEGGER, *Gelassenheit*. Pfullingen 1959, 27.

80

les favelas«, J 73), hier mehr den Widerspruch zwischen »Luxus und Elend« (»luxe et misère«) herausstellend (ebd.) als die Fragwürdigkeit der Technik. Einige Tage später spricht er in bezug auf die weiten Räume Südamerikas von der Unaufhaltsamkeit der technischen Entwicklung (»ce mouvement irrésistible«, J 92) ebenso wie von dem »mechanischen Unsinn« (R 77) (»la bêtise mécanique«, J 92). Den Gegensatz bilden immer wieder das Meer, die Nacht, der »Geruch meines Afrikas« (R 53) (»l'odeur de mon Afrique«, J 63). Zitate dieser Art können leicht vermehrt werden. Man bedenke jedoch auch, daß in »La Pierre qui pousse« ein Ingenieur im Mittelpunkt steht, der den christlichen und nichtchristlichen Aberglauben hinter sich läßt; seine Solidarität gehört den einfachen Menschen, den Armen auch insofern, als die Technik für sie eine gewisse Verheißung bedeutet.[31]

Die Ambivalenz zwischen der Unvermeidbarkeit der Technik und dem ebenso gefährlichen wie ungerechten und maßlosen Umgang der Menschen mit ihr stehen bei Camus nebeneinander. In »L'Homme révolté« schreibt er ausdrücklich, »das Zeitalter des Spinnrads« sei vorüber und der »Traum von einer handwerklichen Kultur (civilisation artisanale)« sei »eitel« (MR 239; E 698). Sehr charakteristisch für Camus' Auffassung sind auch einige warnende Sätze in »Helenas Exil« von 1948: »Im Morgengrauen des griechischen Denkens verkündet schon Heraklit, daß die Gerechtigkeit sogar dem physischen Universum Grenzen setzt. ›Die Sonne wird ihre Grenzen nicht überschreiten, denn die Erinnyen, Bewahrerinnen der Gerechtigkeit, würden es entdecken‹. Wir, die wir das Universum und den Geist aus ihrer Bahn geworfen haben, lachen über diese Drohung. In einem trunkenen Himmel entzünden wir die Sonnen, die wir wollen. Aber das hindert nicht, daß die Grenzen bestehen und daß wir es wissen.« (LE 155; E 853f) Außer dem Heraklit-Fragment 94 zitiert Camus noch (das unsichere) Fragment 131: »Vermessenheit, Rückgang des Fortschritts.« (Ebd.; E 854: »Présomption, régression du progrès«) Und wenig später lesen wir: »Die Natur ist immer da. Sie setzt dem Irrsinn der Menschen ihre ruhigen Himmel und ihren Sinn entgegen – bis

---

31 Vgl. A. J. ARNOLD, »La Pierre qui pousse«. Symbolic Displacement in L'Exil et le royaume, in: Albert Camus' L'Exil et le royaume – The Third Decade, hrsg. v. A. Rizzuto. Toronto 1988, 85–94.

auch das Atom Feuer fängt und die Geschichte im Triumph des Verstandes und im Untergang der Menschheit endet. Doch die Griechen sagten nie, daß die Grenzen nicht überschritten werden könnten. Sie sagten, die Grenze bestehe, und jeder werde ohne Gnade getroffen, der sie zu überschreiten wage. Nichts in der Geschichte widerspricht dem heute.« (LE 158, E 855f).

Ich führe noch ein Zitat aus »Prometheus in der Hölle« aus dem Jahre 1946 hinzu: »Prometheus war jener Heros, der die Menschen genügend liebte, um ihnen zugleich Feuer und Freiheit, Technik und Kunst zu schenken. Die heutige Menschheit benötigt und erstrebt einzig das Technische. Sie gelangt zum Ausbruch in ihren Maschinen und hält die Kunst und ihre Ansprüche für ein Hemmnis und ein Zeichen der Knechtschaft. Hingegen ist es für Prometheus kennzeichnend, daß er die Maschine nicht von der Kunst trennen kann. Er glaubt an eine gleichzeitige Befreiung des Körpers und der Seele.« (LE 144; E 841).

Noch wenige Tage vor seinem Tod beantwortet Camus für die argentinische Anarchistenzeitschrift »Reconstruir« eine Frage mit folgenden Worten: »Die Naturwissenschaft schreitet fort – im Bösen wie im Guten. Man kann nichts daran ändern. Aber das Wenigste, was man sagen könnte, ist, daß man angesichts technisch großartiger und politisch verabscheuungswürdiger Taten weder stolz sein noch sich freuen sollte.«[32]

Alle diese Aussagen, denen noch viele hinzuzufügen wären, deuten zugleich die Unvermeidlichkeit von Wissenschaft und Technik an und die großen Gefahren, die mit ihnen verbunden sind. So wie sich alle Menschen unserer Zeit der Technik selbstverständlich bedienen, nimmt auch Camus in dieser Hinsicht eine pragmatische und realistische Haltung ein; er denkt nicht daran, die Technik zu dämonisieren. Zwar stimmt er in seinen Warnungen mit Bloch, Guardini und Heidegger überein, aber in bezug auf die Interpretation der Herkunft bzw. der inneren Ermöglichung der Technik setzt er andere Akzente als sie, und die Frage nach dem »Wesen« der Technik beschäftigt ihn weder im traditionellen noch im Heideggerschen Sinne des Wortes

---

32 S. im vorliegenden Band S. 159f.

»Wesen«. Bloch greift zurück auf die in sich lebendige Materie, aus der die Technik hervorgeht, die sich alsdann in der Hand der am Profit orientierten Ausbeutung der Natur auch als Ausbeutung der Menschen erweist. Für Guardini (wie für viele andere natürlich auch) ist die Technik wie die Kultur notwendig, um den Naturzustand zu überwinden, aber wegen der Freiheit des Menschen wird die Technik um so gefährlicher, je größer die Macht wird, die sie bereitstellt. Heidegger läßt die Technik aus der Seinsvergessenheit bzw. aus der Geschichte der Metaphysik hervorgehen und kann die Überwindung ihrer Gefährlichkeit nur von einem neuen Geschick erwarten, auf das man sich allenfalls vorbereiten kann.

Camus hätte diesen drei Theorien wahrscheinlich mit Modifizierungen zustimmen können, aber es kommt bei ihm ein Gedanke hinzu, den jene Philosophen – da sie ihn schwerlich übersehen haben werden – vernachlässigen, weil ihre Konzeptionen zu spekulativ oder zu allgemein sind und also – abgesehen von Bloch – zu wenig auf den konkreten Geschichtsablauf bezogen. Daß man Camus zu Unrecht mangelndes Verständnis der Geschichte vorwirft, kann offensichtlich auch durch den Hinweis auf sein Verständnis der Technik gezeigt werden.

Technik gehört nämlich für Camus, wie sich aus der Beachtung der einschlägigen Stellen in »L'Homme révolté« ergibt, wesentlich auf die Seite des ausschließlich historischen Denkens (»pensée purement historique«, vgl. E 644, 692), das er bekanntlich als die Einseitigkeit oder die Eindimensionalität der Moderne decouvriert. Ich brauche hier nicht im einzelnen darzulegen, daß das »ausschließlich historische Denken« in Camus' Sicht die Konsequenz der Überwindung des Griechischen durch die jüdisch-christliche Tradition bedeutet. 1950/51 notiert er: »Seit 2000 Jahren werden die griechischen Wertvorstellungen beständig und beharrlich verleumdet. Der Marxismus hat in dieser Beziehung die Nachfolge des Christentums angetreten.« (Tgb. 306; C II, 336) Und wenig später nennt er den »Übergang (le passage) vom Hellenismus zum Christentum« den »wahren und einzigen Wendepunkt der Geschichte« (Tgb. 309) (»véritable et seul tournant de l'histoire«, C II, 342). Zwar läßt Camus gelten, daß es im biblischen Erbe Elemente eines Ausgleichs von Natur und Geschichte gibt (z. B. in »Helenas Exil«, LE 157, E 855), aber auf der historischen

Ebene hat sich nach seinem Urteil, das ihn mit Nietzsche und anderen verbindet, primär der geschichtsbezogene Charakter des biblischen Ansatzes durchgesetzt, nicht nur im institutionalistischen Christentum selbst, sondern auch in dem säkularen Fortschrittsglauben der Aufklärung und vor allem im Marxismus. Dieser Wille, die Welt total gestalten und beherrschen zu wollen, ist das, was die Technik gefährlich macht und was sie nicht bloß als ein Instrument erscheinen läßt, das von den Individuen sittlich positiv oder negativ verwendet werden kann. Ihre Maßlosigkeit und Wildheit folgt nach Camus weder aus der Materie noch abstrakt aus der Willensfreiheit des Menschen, noch gar aus dem geschickhaften Sein, sondern aus einer klar überblickbaren Wende innerhalb der europäisch-westlichen Geschichte, einer Wende und zugleich einer Fehlentwicklung, die nicht schlechterdings schicksalhaft war, sondern das Resultat des Sieges einer bestimmten religiös-politischen Macht über eine andere darstellte.

Als spätes Resultat dieser Wende treten Wissenschaft und Technik, wie Camus es sieht, im Kontext der »bürgerlichen Mythen« von Fortschritt und gesellschaftlicher Weltverbesserung im Rationalismus und Positivismus der Neuzeit in Erscheinung, z. B. bei Turgot, Comte und Renan (vgl. MR 157–159; E 598–601). Über Comte schreibt Camus: »Eine Gesellschaft, deren Gelehrte ihre Priester wären, zweitausend Bankiers und Techniker über ein Europa von hundertzwanzig Millionen Einwohnern herrschend, wo das Privatleben vollständig mit dem öffentlichen Leben zusammenfiele, wo ein absoluter Gehorsam ›der Tat, des Gedankens und des Herzens‹ dem allesbeherrschenden Großpriester erwiesen würde, das ist Comtes Utopie, der ankündigt, was man die horizontalen Religionen unserer Zeit nennen könnte.« (MR 159; E 601) Aber Camus sieht auch eine eigenartige Übereinstimmung zwischen Comte und dem sogenannten »wissenschaftlichen Sozialismus« (MR 158; E 600); sie liegt in dem totalitären, wissenschaftlich-technisch fundierten Anspruch auf die Gestaltung der Zukunft (vgl. MR 158f; E 600f). Darüber hinaus aber erkennt Camus, im Anschluß an Marx, aber auch mit Berufung auf den amerikanischen Soziologen James Burnham und auf mehrere Untersuchungen Simone Weils, den Zusammenhang von Technik, Kapitalismus, Arbeitsteilung und also der konkreten Lebenssituation der Arbeiter, der »condition ouvrière« (S. Weil) (vgl. etwa MR 174–179;

E 617–624).[33] Ja, Camus weist darauf hin, daß die Technik auch unabhängig vom Kapitalismus die Tendenz habe, sich zu vergrößern, »daß die Maschine schließlich nach der Maschine ruft« (MR 178) (»que la machine enfin appelle la machine«, E 623).

Diese Beschreibung der Technik in ihrer Verbindung mit Kapitalismus und Sozialismus sowie im Zusammenhang mit Wissenschaft, mit der eigenen Dynamik von Produktion und Entwicklung und mit der Marxschen »Prophetie« (vgl. MR 179–181; E 624–627) zeigt, daß Camus, abgesehen von dem spekulativen Materialismus, auf die Seite Blochs gehört. Doch er kann alles das, was er seit dem 18./19. Jahrhundert heraufziehen sieht, auch allgemein fassen als Gestalt des neuzeitlichen Nihilismus und formulieren: »Die geschichtliche Raserei heißt Macht.« (MR 184) (»La frénésie historique s'appelle la puissance«, E 629). In dieser Diagnose stimmt er auch mit Guardini und Heidegger überein, ja von hier aus sieht er auch Zusammenhänge mit Hegels Sklaven in der »Phänomenologie des Geistes« (vgl. MR 115 u. 147; E 547f u. 586) sowie mit Ernst Jüngers Proklamation des »Arbeiters« (vgl. MR 146f; E 585f) – bis hin zu Hitler, von dem Camus sagt, er sei »die Geschichte im Reinzustand« (MR 146) (»l'histoire à l'état pur«, E 585) gewesen. Immer geht es bei den Formen des rationalen und irrationalen Terrorismus des Staates auch um die Technik, aber nie allein und abstrakt, sondern stets im Kontext von Gesellschaft und Politik und letzten Endes stets im Zusammenhang mit jener, geradezu zu einer Religion gewordenen neuzeitlichen, ausschließlich an der Geschichte, d. h. an Tat und Macht sich orientierenden Lebensform, der Camus seine Erfahrung der Welt als Natur, sein Verständnis der Kunst sowie die Imperative des Maßes und der Grenze entgegenstellt. Von diesen Überlegungen her wird verständlich, was Camus im Schlußkapitel von »L'Homme révolté« resümierend über Technik schreibt. »Unnütz« sei es, sie »umstürzen« zu wollen. Und dann wörtlich:

»Das Zeitalter des Spinnrads ist vorbei, der Traum von einer handwerklichen Kultur ist eitel. Die Maschine ist nur in ihrer heuti-

---

33 Vgl. J. Burnham, *Das Regime der Manager* (amerik.: The Managerial Revolution. New York 1941). Stuttgart 1948; S. Weil, *Fabriktagebuch und andere Schriften zum Industriesystem* (frz.: La Condition ouvrière. Paris 1951). Frankfurt/M. 1978.

gen Anwendungsart schlecht. Man muß ihre Wohltaten annehmen, selbst wenn man ihre Verheerungen ablehnt. Der Lastwagen, der Tag und Nacht von seinem Fahrer gelenkt wird, demütigt diesen nicht, der ihn in- und auswendig kennt und mit Liebe und Erfolg benützt. Die wahre und unmenschliche Maßlosigkeit liegt in der Teilung der Arbeit. Vor lauter Maßlosigkeit wird eines Tages eine Maschine mit hundert Arbeitsgängen, von einem einzigen Menschen gelenkt, einen einzigen Gegenstand herstellen. Dieser Mensch wird, in einer anderen Rangordnung, teilweise die Schöpferkraft wiedergewinnen, die er als Handwerker besaß. Der anonyme Produzent nähert sich dann dem Schöpfer. Natürlich ist es nicht sicher, daß die industrielle Maßlosigkeit sofort diesen Weg einschlagen wird. Aber sie weist schon durch ihre Arbeitsweise auf die Notwendigkeit eines Maßes hin und bringt eine Reflexion hervor, die dieses Maß zu organisieren weiß. Entweder wird diese Wert-Grenze auf jeden Fall eingehalten oder die heutige Maßlosigkeit wird ihr Gesetz und ihren Frieden erst in der allgemeinen Zerstörung finden.« (MR 239; E 698)

Versteht man Camus' Philosophie des Maßes und der Grenze, seine Philosophie des Relativen gegen die des Absoluten aus seinem Engagement für den »libertären« Sozialismus und zugleich als Gegenposition gegen ein Denken, für das ausschließlich die Geschichte, d. h. die Macht, die Aktion, die Effizienz zählt, so zeigen sich, wie ich meine, deutliche Parallelen zu Bloch, Guardini und Heidegger, aber eben auch ein nüchterner, nicht über den Wolken schwebender Realismus, der hier wie auch sonst das für Camus Spezifische ist.

Um es noch einmal zu sagen und um Mißverständnisse zu vermeiden: Es würde niemandem nützen, würden wir aus Camus' Denken und Werk Antworten ableiten, die er nicht hat geben wollen; andererseits gibt es aber, auch im Hinblick auf das hier erörterte Thema Technik, wesentliche Gesichtspunkte, durch die sich Camus als konkreter und präziser erweist als andere, Gesichtspunkte, die für die Zukunft Europas, gerade auch unter ökologischer Perspektive, immer noch von Aktualität sind.

V

Zur Interpretation der Natur

Paul Hoffmann (Bamberg) zum 60. Geburtstag

Man kennt die Preisungen des Lichts, des Meeres, der Blumen bei Camus, doch fragt es sich, ob man sie wirklich versteht. Camus war nicht der Animateur eines Mittelmeer-Vereins. Er war auch kein Naturschwärmer und schon gar nicht ein »Romantiker«, wenn man dieses Wort so auffaßt, wie es im Sinne der umgangssprachlichen Vereinfachung üblich ist. Auch klingt es recht seltsam, wenn Etienne Barilier in seinem vorzüglichen Buch von Camus' Animismus spricht[1]; dies ist aber vielleicht gar nicht so schlecht, wenn man etwa daran denkt, welchen Gebrauch Rupert Sheldrake inzwischen von diesem ethnologischen und religionswissenschaftlichen Terminus macht[2]. Ich komme darauf zurück.

Fragen wir zunächst, welche Assoziationen und Erwartungen sich bei dem Begriff »Natur« einstellen. Bekanntlich ist es ein sehr altes philosophisches Wort, dessen Geschichte und einzelne Stationen von den Vorsokratikern über Aristoteles, die Stoiker, das Mittelalter bis hin zu Hegel, Marx und vielen anderen schon oft untersucht wurde, sowohl in Monographien als auch in breiten Übersicht-Darstellungen wie z. B. der des Ritterschen Wörterbuchs.[3] Zweifellos sollte es bei solchen Untersuchungen nicht bloß um die historische Aneinanderreihung gehen, sondern um das Verständnis des philosophisch-kulturellen Konfliktes, der sich an den Wandlungen des Naturverständnisses sowie selbstverständlich auch an anderen Motivgeschichten entlang aufzeigen läßt.[4] In gröbster Verkürzung gesprochen: Man hat

---

1 Vgl. E. BARILIER, *Albert Camus – philosophie et littérature*. Lausanne 1977, 29f.
2 Vgl. R. SHELDRAKE, *Die Wiedergeburt der Natur. Wissenschaftliche Grundlagen eines neuen Verständnisses der Lebendigkeit und Heiligkeit der Natur*. Bern/München/Wien 1991, 173–257.
3 Vgl. HWPh VI (1984) 421–478 (mehrere Autoren).
4 Vgl. H. R. SCHLETTE, *Weltseele – Geschichte und Hermeneutik*. Frankfurt/M. 1993.

sich zu vergegenwärtigen, daß sich eine Entwicklung von einem pantheistisch orientierten Verständnis der φύσις bei Griechen und Römern über die biblisch-christliche Auslegung der Welt als creatio ex nihilo zu der seit dem 17. Jahrhundert immer dominierender werdenden mechanistischen Interpretation der Welt als Materie vollzogen hat. Allerdings gab es in der Neuzeit auch gegenläufige Strömungen; man denke an Spinoza, Rousseau, Goethe, speziell die Naturphilosophie Schellings und den großen Aufbruch der Frühromantik; daß wir es heute im Zusammenhang mit der ökologischen Theorie bzw. der ökologischen Krise mit einer Flut von Natur-Literatur zu tun haben, ist bekannt und keineswegs überraschend.

Um genau zu sein, müßte man das neuzeitliche Naturverständnis in Beziehung zum Wirklichkeits-, Lebens- oder Seinsverständnis überhaupt setzen, und stets hätte man dabei die Interpretation der Natur von dem Verständnis der Geschichte, von »Welt als Geschichte« abzugrenzen, besonders aber von jener Art Geschichtsphilosophie, nach der wir nur begreifen, was wir selbst gemacht haben, und nach der wir gehalten sind, uns selbst angesichts der Natur und gegen sie zu behaupten und zu erschaffen, womit ich simplifizierend die Geschichtsphilosophie von Vico über Hegel und Marx bis Sartre sowie das rationalistische und positivistische Bewußtsein der Moderne angesprochen habe. Trotz einer gewissen geschichtsphilosphischen Mißachtung der Natur als eines passiven Nichts nach Art der aristotelischen und neuplatonischen ὕλη finden wir aber in der Neuzeit, wie jeder weiß, auch das Naturverständnis der Naturwissenschaften, für die die sogenannten Gesetze der Natur im Vordergrund des Interesses stehen. Auch hatte in bezug auf Ethik und Politik die traditionelle Philosophie aus der von ihr entfalteten Ontologie der Natur Forderungen abgeleitet – etwa in Gestalt der ganzen Breite dessen, was man als Naturrecht zu bezeichnen pflegt, auch wenn man heute lieber von Menschenrechten spricht –, also einen Zusammenhang von Sein und Sollen, der inzwischen gern als sogenannter naturalistischer Fehlschluß kritisiert wird, weil eben zumindest als nicht nachweisbar gilt, ob die Natur überhaupt irgend etwas fordern kann und fordert und was dieses sei. Ist es denn nicht so, daß wir in der Natur allenthalben nur noch die vestigia hominis sehen, schon längst nicht mehr die vestigia Dei?[5] So fühlt man sich philosophisch wesentlich sicherer, wenn man aus dem eigenen Denken, der Rationalität bzw. der Subjektivität – mit welchen Methoden auch immer – glaubt ableiten zu können, was der Mensch zu tun hat und wie die Welt im Ganzen, möglichst als ein System, von uns zu konstruieren sei.

Doch es geht hier nicht darum, diese Überlegungen fortzusetzen und zu vervollständigen, denn es soll ja von Camus gesprochen werden. Nun, Camus war sich der Entwicklung und der Situation, die ich skizziert habe, durchaus bewußt. Er hat die Schärfe des Gegensatzes zwischen Antike und Christentum sehr deutlich erkannt und natürlich auch die Entwicklung seit Descartes bis zur modernsten Verobjektivierung und Beherrschbarkeit der Natur in Gestalt der atomaren Technik; am 8. August 1945, zwei Tage nach dem Abwurf der Atombombe auf Hiroshima, schrieb Camus im »Combat«, hier habe die »civilisation méchanique« den letzten Grad der »Wildheit« (»sauvagerie«) erreicht.[6]

Aber Camus hat keinen Traktat über die Natur geschrieben, sondern sich diesem Thema auf eine Weise genähert, die manchem gewiß als philosophisch nicht seriös genug erscheinen mag – wie das gesamte Denken Camus' überhaupt.

Allgemein läßt sich sagen, daß Camus in bezug auf das Thema Natur auf dem – wahrscheinlich für jeden Menschen, der nachdenkt, notwendigen – Weg von der Erfahrung zur Reflextion[7] sich befand, d. h. auf einem Weg, der an seinem Anfang das Resultat unentfaltet enthält. Dies ließe sich im einzelnen zeigen, würde man von seinen Frühschriften und frühen Tagebuchaufzeichnungen ausgehend den Blick auf sein Hauptwerk »L'Homme révolté« (1951) und andere Arbeiten richten. Sozusagen das Leitmotiv seines Denkens über die Natur ist die Idee eines zu verwirklichenden Gleichgewichts von Welt als Natur und Welt als Geschichte. Camus hat dies in dem Vorwort, das er spätestens 1954 für die Neuausgabe seiner ersten Essay-Samm-

---

5 So bereits J. B. METZ, *Weltverständnis im Glauben. Christliche Orientierung in der Weltlichkeit der Welt heute*, in: Geist und Leben 35 (1962) 165–184, spez. 177.

6 Vgl. E 291; s. auch die deutsche Präsentation dieses Combat-Artikels durch M. Yadel in: Orientierung 49 (1985) 145f.

7 Hierzu und zu manchen Einzelfragen des Folgenden vgl. H. R. SCHLETTE, *Albert Camus: Welt und Revolte*. Freiburg/München 1980.

lung formuliert hat[8], die 1937 unter dem Titel »L'Envers et l'endroit«
in Algier erschienen war, sehr klar zum Ausdruck gebracht; er schrieb
hier, im Rückblick auf die ihn leitenden Erfahrungen, einen Satz, der
in seiner zur Meditation auffordernden Kürze in sich schließt, was
Camus zum Thema Natur zu sagen hat: »Das Elend hinderte mich, zu
glauben, daß alles unter der Sonne und in der Geschichte gut sei; die
Sonne lehrte mich, daß die Geschichte nicht alles ist.« (»La misère
m'empêcha de croire que tout est bien sous le soleil et dans l'histoire;
le soleil m'apprit que l'histoire n'est pas tout.«)[9] Dieser Satz bedarf
zweifellos der Entfaltung, damit es möglich wird, zu ihm mit größerer
Einsicht zurückzukehren.

Camus spricht von der sich gegenseitig interpretierenden Erfahrung der Natur und der Geschichte. Statt »Natur« steht hier bezeichnenderweise »die Sonne«, nicht nur, so dürfen wir interpretieren, als
das alte mythische und philosophische Symbol, sondern auch als das
sinnlich-konkret erfahrene Licht, wie Camus es gerade in der Armut,
in der er aufwuchs, erlebte. Im »schwärzesten Nihilismus unserer
Zeit«, so liest man in »L'Enigme« aus 1950, habe er immer nach
Gründen gesucht, ihn zu überwinden, jedoch nicht aus »Tugend«
oder »seltener Seelengröße«, sondern »aus instinktiver Treue zu jenem
Licht, in dem ich geboren wurde und in welchem seit Jahrtausenden
die Menschen gelernt haben, das Leben zu bejahen bis in seine Leiden
hinein«, also zu dem Licht seiner algerisch-nordafrikanischen Heimat, das für ihn immer auch das Licht Griechenlands war, so daß er
an dieser Stelle fortfährt: »Aischylos ist oft trostlos; und doch strahlt
er aus und erwärmt. Im Zentrum seines Universums steht nicht die
karge Sinnlosigkeit, sondern das Rätsel, d. h. ein Sinn, der schwer zu
entziffern ist, weil er blendet. Und ebenso kann für die unwürdigen,
doch beharrlich treuen Söhne Griechenlands, die in diesem zerfleisch-
ten Jahrhundert noch überleben, der Brand unserer Geschichte uner-
träglich sein; doch sie halten schließlich durch, weil sie verstehen
wollen. In der Mitte unseres Werkes, auch wenn es dunkel ist, strahlt
eine unversiegbare (inépuisable) Sonne ...«[10]

---

8 Vgl. E 1180.
9 LE 10 (E 6).
10 LE 167f (E 865).

Hier ist nun etwas besonders Wichtiges zu beachten, das in solchen Sätzen angedeutet wird. Die Naturerfahrung Camus' hat einen anderen Charakter als die des Nordeuropäers, obwohl man bei einer verallgemeinernden Beschreibung dieser Erfahrensweisen notgedrungen dieselben Wörter würde verwenden müssen: Licht, Sonne, Nacht, Blumen, das Meer, die Schönheit. Nie übrigens spricht Camus über den Wald; Maurice Weyembergh hat eigens darauf hingewiesen.[11] Ich möchte hier lediglich hervorheben, woran Camus gelegen ist, wenn er von der Natur spricht, also von der Sonne, dem »harten Licht«[12], von den »roten Blumen« in einem Klosterhof in Fiesole[13], von dem Wind in den Ruinen von Djemila[14], von den Steinen, der Wüste und vor allem immer wieder vom Meer, das ihn faszinierte und über das er wunderbare Texte geschrieben hat, aber auch von »der ganzen gewalttätigen Natur (»nature brutale«) Afrikas mit ihrem glühenden Zauber«[15]; Natur ist für Camus niemals lediglich schön, positiv oder heil, sondern immer auch übermächtig, bedrohlich, ja bisweilen sogar gefährlich-feindlich, wie vor allem in »L'Etranger« deutlich wird, wo Meursault der Sonne die Schuld an seiner Ermordung des Arabers zuschreibt. »Ich antwortete hastig«, so liest man hier, »wobei ich die Worte etwas durcheinander brachte und mir lächerlich vorkam, die Schuld an allem hätte die Sonne. Im Saal fing man an zu lachen. Mein Anwalt zuckte mit den Schultern ...«[16]

Worauf es Camus bei all seinen Äußerungen über die Natur wesentlich ankommt, das ist die Erfahrung, daß es außer und neben der Geschichte eine andere Dimension, eine andere Wirklichkeitsform gibt, die uns die Einsicht aufdrängt, daß die Geschichte »nicht alles ist«, eine Dimension, die er gleichzeitig als schön und als bedrohlich erfährt, jedenfalls aber als dauerhaft, als bleibend und insofern der

---

11 Vgl. M. WEYEMBERGH, *Camus und Nietzsche*, in: Ich revoltiere, also sind wir. Albert Camus – 40 Jahre »Der Mensch in der Revolte« (Dokumentation der Tagung am 15./16. 6. 1991 in Berlin-Weißensee, veranstaltet von der Evangelischen Akademie Berlin-Brandenburg), hrsg. v. B. Sändig u. R. Graupner, S. 52f; auch in: Sinn und Form 45 (1993) 656.
12 MR 243 (E 703).
13 Vgl. Die Wüste, in: Hochzeit des Lichts: LE 114 (E 84).
14 Vgl. Der Wind in Djemila, ebd. 86f (E 62).
15 Minotaurus, in: Heimkehr nach Tipasa, ebd. 127 (E 819).
16 Der Fremde. Düsseldorf (Karl Rauch Verlag) 1958, 114 (TRN 1196).

Geschichte überlegen. »La nature est toujours là, pourtant« – heißt es in »Helenas Exil«.[17]

Aber immer wenn man Camus' lyrische Essays – »L'Envers et l'endroit«/»Licht und Schatten« (1937), »Noces«/»Hochzeit des Lichts« (1938), »L'Eté«/»Heimkehr nach Tipasa« (1954) – und die vergleichbaren Passagen etwa in »L'Etranger« und in »L'Exil et le royaume« (1957) liest, erkennt man bald, daß Camus nie auf die Naturbeschreibungen als solche fixiert ist, daß vielmehr die Realität der Geschichte, des Schmerzes, des Leidens, aber auch der Freude, der Freiheit, des Handelns und vor allem der künstlerischen Kreativität stets präsent oder in der Nähe ist, wenn er über Natur spricht. Die Welt »unter der Sonne«, wie er mit einer alten Formulierung sagt, die Welt, die Geschichte und Natur umschließt, ist nicht in Ordnung, sie ist zwiespältig; die Natur ist also für Camus nicht einfach gut, im Unterschied zur Geschichte, die lediglich schlecht wäre. Die Natur als das Bleibende verweist darauf, daß die Geschichte »nicht alles« ist; aber die Lehre der Natur oder, wie Camus es in »Le Desert« (in »Noces«) ausdrückt, »diese Evangelien aus Stein, Himmel und Wasser«[18] gehen über die bloße Negation der Verabsolutierung der Geschichte noch hinaus, insofern es möglich wird, von ihnen her das Elend der Geschichte und die Einseitigkeiten der bloß geschichtlichen Existenz bzw. der »pensée purement historique«[19], bewußt zu machen und ihnen entgegenzutreten. So schreibt er z. B. in »L'Enigme« nach dem schon zitierten Passus über Aischylos, auf das Höhlengleichnis Platons anspielend: »Paris« (und das ist für ihn der Inbegriff des modernen Europa) »ist eine vortreffliche Höhle, wo die Menschen, die ihre bewegten Schatten auf den Wänden sehen, sich für die einzige Realität halten. Und so ist es auch mit dem seltsamen und flüchtigen Ruf, den diese Stadt verleiht. Fern von Paris haben wir gelernt, daß ein Licht hinter uns leuchtet, daß wir uns umdrehen und, alle Bindungen wegwerfend, ihm gerade ins Auge blicken müssen und daß es, bevor wir sterben, unsere Aufgabe ist, dieses Licht, durch das ganze Gewirr der Worte hindurch, zu benennen.«[20]

---

17 In: Heimkehr nach Tipasa, a.a.O. 158 (E 855).
18 Vgl. LE 116 (E 85: »ces évangiles ...«).
19 Vgl. MR 196, 203f, 234 (E 644, 652f, 692).
20 LE 168 (E 866).

Vor allem die *politische* Realität, der Camus niemals ausgewichen ist und die er als ein großes Ensemble von Unfreiheit und Ungerechtigkeit erlebt und als *zynisch* dekuvriert hat[21], hinderte Camus zu glauben, »daß alles unter der Sonne und in der Geschichte gut sei«. Man weiß, wie stark Camus sich schon in Algier, alsdann in der Résistance und nach der Befreiung für einen Sozialismus mit menschlichem Antlitz engagiert hat, daß er mit Protesten gegen Franco, gegen die Unterdrückung des Arbeiteraufstandes in Berlin (1953) und die Besetzung Ungarns (1956) hervortrat, daß er in den Dramen »Caligula« und »Les Justes« den politischen Größenwahn und den blinden Terror anprangerte und daß er seine politischen Ideen programmatisch in »L'Homme révolté« darlegte. Nie hat Camus sich von der Geschichte abgewandt, obwohl er einen bestimmten Typ von Geschichtsphilosophie kritisierte, der eben nicht anerkannte, daß die Geschichte nicht alles ist, und der bereit war, die Gegenwart der Zukunft zu opfern.

Immer noch wird in der Literatur die auf Sartre und seinen Kreis zurückgehende falsche These vertreten, Camus habe der Geschichte den Rücken gekehrt, er habe keine Geschichtsphilosophie und er sei in die Kunst und einen abstrakten Moralismus geflohen. Ich möchte hier auf diesen Vorwurf nicht ausführlicher eingehen, aber es muß eben doch gesagt werden, daß Camus durchaus eine Vision der Geschichte hatte, wenngleich diese anders aussah als die Sartres und vieler anderer Theoretiker marxistischer und auch positivistischer Observanz. Denn die Geschichtsphilosophie Camus' impliziert wesentlich das Element des Maßes und der Grenze und damit zusammenhängend die Dimension der Natur. Camus hat diese seine Sicht am kohärentesten in »L'Homme révolté« dargestellt[22], einem Werk, an dem ihm außerordentlich gelegen war und daß er mit seinem Freund, dem Dichter René Char, gemeinsam konzipiert und durchdacht hat; in einer Widmung des Char überlassenen Manuskripts nannte Camus das Buch ausdrücklich ein »Buch der Hoffnung« (»livre d'espoir«)[23].

---

21 Vgl. etwa MR 232, 234, 240 (E 690, 692, 699).
22 Vgl. H. R. Schlette, *Politische Philosophie und Geschichtsphilosophie in »L'Homme révolté«*, a.a.O. 9–41; im vorliegenden Band S. 29-56.
23 Vgl. E 1635.

In aller Kürze muß ich auf die Gedankenführung dieses Buches eingehen oder, philosophischer gesprochen, auf das, was Camus hier als argumentative Vermittlung leistet, weil nur so deutlich werden kann, wie Camus seine anfängliche Erfahrung von Armut und Sonne reflexiv eingeholt hat. Ich skizziere dies nur mit erheblichem Unbehagen, da ich nicht selbst einen Fehler begehen will, den ich bei anderen kritisiert habe, daß man sich nämlich zu schnell dem Ergebnis von »L'Homme révolté«, d. h. dem Schlußkapitel zuwendet, ohne mit Camus den langen Vermittlungsweg zurückgelegt zu haben. Dieser Fehler ist hier freilich nicht ganz zu vermeiden, denn man kann nicht alles gleichzeitig sagen, aber der Hinweis darauf sollte nicht unterbleiben, damit man sich die Sache nicht zu leicht macht.

Wie man weiß, erörtert Camus in »L'Homme révolté« die gesamte europäische Geschichte, vor allem die der letzten zwei- bis dreihundert Jahre, unter dem Aspekt des metaphysisch und historisch revoltierenden Menschen. Der subtile Zusammenhang zwischen der metaphysischen Revolte, die sich gegen die condition humaine überhaupt richtet, und der historischen Revolte, die sich gegen die faktischen Unrechts- und Unfreiheitszustände auflehnt, soll hier nicht untersucht werden; beide Revolten haben de facto zum Verrat jener humanen Inspiration geführt, die nach Camus an deren Ursprung stand. So wurde *aus den Revolten,* die den Menschen gegenüber einem ihn zu unterdrücken scheinenden Gott oder aber gegenüber seinesgleichen zu verteidigen suchten, die metaphysische und die historische *Revolution* mit ihren Zynismen, und es ist um einer sogenannten besseren Zukunft willen sehr viel Blut vergossen worden.

Gegen Ende von Poppers Werk »Die offene Gesellschaft und ihre Feinde« findet sich folgendes Urteil über die Geschichte: »Man spricht von der *Geschichte der Menschheit*; aber was man meint und was man in der Schule gelernt hat, ist die *Geschichte der politischen Macht. / ... die Geschichte der Machtpolitik ist nichts anderes als die Geschichte internationaler Verbrechen und Massenmorde* (einige Versuche zu ihrer Unterdrückung eingeschlossen – das ist wahr). Diese Geschichte wird in der Schule gelehrt, und einige der größten Verbrecher werden als ihre Helden gefeiert.«[24] Noch schärfere Urteile über die Geschichte lassen

---

24 Bd. II. Bern 1958, 334.

94

sich mühelos zusammentragen, z. B. aus den Schriften von E. M. Cioran[25]; aber auch Hegel blieb – trotz seines metaphysischen Optimismus – in dieser Hinsicht sehr realistisch; so liest man bekanntlich in den Vorlesungen zur »Philosophie der Weltgeschichte«:

»Wenn wir dieses Schauspiel der Leidenschaften betrachten und die Folgen ihrer Gewalttätigkeit, des Unverstandes, der sich nicht nur zu ihnen, sondern selbst auch und sogar vornehmlich zu dem, was gute Absichten, rechtliche Zwecke sind, gesellt, in der Geschichte uns vor Augen halten, das Übel, das Böse, den Untergang der blühendsten Reiche, die der Menschengeist hervorgebracht hat, wenn wir auf die Individuen mit tiefstem Mitleid ihres namenlosen Jammers (blicken), so können wir nur mit Trauer über diese Vergänglichkeit überhaupt, und indem dieses Untergehen nicht nur ein Werk der Natur, sondern des Willens der Menschen (ist), noch mehr mit moralischer Trauer, mit der Empörung des guten Geistes, wenn ein solcher in uns ist, über solches Schauspiel enden ... Aber auch indem wir die Geschichte als diese Schlachtbank betrachten, auf welcher das Glück der Völker, die Weisheit der Staaten und die Tugend der Individuen zum Opfer gebracht worden, so entsteht dem Gedanken notwendig auch die Frage, *wem, welchem Endzwecke* diese ungeheuersten Opfer gebracht worden sind.«[26]

Wie immer man über die negative Bewertung der Geschichte denken mag, gegenüber der vergangenen, der jeweils geschehenden und auch der künftigen Geschichte skeptische Vorbehalte zu artikulieren, hat auch bei Camus weder mit Übertreibung etwas zu tun noch mit der Ablehnung von Geschichte und Geschichtsphilosophie überhaupt. Dem Elend dieser Geschichte, das Camus keineswegs passiv hinnimmt, stellt er eine Philosophie der Grenze und des Maßes entgegen, eine Philosophie nicht des Absoluten oder des Willens zum Absoluten, sondern eine Philosophie des Relativen[27] und das heißt für ihn, eine Philosophie des Ausgleichs, ja eine Philosophie und auch eine Praxis, die als wahre Revolte permanent um den Ausgleich von

25 Vgl. z. B. E. M. Cioran, *Gevierteilt.* (frz. 1979) Frankfurt/M. 1982, 35–47: »Nach der Geschichte«.
26 Zit. n. G. W. F. Hegel, *Die Vernunft in der Geschichte,* hrsg. v. J. Hoffmeister. Hamburg ⁵1955, 79f.
27 Vgl. MR 235 (E 693f.)

Geschichte und Natur kreist, eine äußerst spannungsvolle Bemühung, die er, zu Recht oder zu Unrecht, als »Dialektik« bezeichnet hat.[28] Also keine rousseauistische oder – in einem schlechten Sinn – romantische Rückkehr zur Natur, sondern die Abkehr von der einseitigen Option für die Machbarkeit, die efficacité[29], die Aktion, von den trügerischen Verheißungen der Geschichte. Diese Geschichtsphilosophie des Gleichgewichts von Welt als Natur und Welt als Geschichte verleiht der Natur eine bedeutende Rolle als begrenzend-korrigierender, die »mesure« gebietender Realität. Um diesen Grundgedanken Camus' richtig zu verstehen, gilt es sich zu vergegenwärtigen, wie er die Polarität Natur/Geschichte aus einer für ihn äußerst wichtigen, nicht bloß geistesgeschichtlichen, sondern durchaus realgeschichtlichen Perspektive interpretiert.

Für Camus, aber natürlich nicht nur für ihn[30], folgt der Antagonismus von Natur und Geschichte aus der Differenz zwischen griechischer Antike und jüdisch-christlicher Überlieferung, aus einem Konflikt, der nach Camus' Ansicht die gesamte europäische Geschichte entscheidend geprägt hat und in der Gegensätzlichkeit zwischen Nietzsche und Marx neu zum Zuge kommt. Das sind weitausholende Thesen, die zwar eine vereinfachende Schematisierung darstellen, aber im Kern durchaus zutreffen und nach wie vor der Diskussion wert sind. Camus' Berufung auf die Natur als Gegenpol gegenüber der Geschichte kann – auf dem Hintergrund seiner persönlichen Erfahrung und Sensibilität – nur aus dieser Antithetik heraus nachvollzogen und einsichtig gemacht werden – ein großes, wichtiges Kapitel bei der Bemühung um die Definition europäischer Identität, aber auch der durch Europa stark geprägten Weltsituation im allgemeinen.

Das Syndrom »Antike und Christentum«, Gegenstand immenser wissenschaftlicher Forschungen, versteht Camus von der ihm zugänglichen historischen Basis und seiner Distanz gegenüber allen positiven Religionen aus nicht als das harmonische Resultat eines von göttlicher »Pädagogik« geleiteten Prozesses, sondern als eine entscheidende, ja

---

28 Vgl. MR 240 (E 699).
29 Vgl. etwa MR 232f (E 690f).
30 Vgl. hierzu auch die Notierungen aus und zu Oswald Spengler, »Der Untergang des Abendlandes« in: Tgb. I, 51f (C I, 99–101).

als *die* entscheidende »Wende«[31], in der etwas sehr Neues und Andersartiges an die Stelle des Früheren getreten ist. Tertullians kritische Frage, was denn Athen mit Jerusalem zu tun habe[32], ist auch diejenige Camus'. Der Kosmos der Griechen wurde im Laufe des Sieges der biblisch-christlichen Weltdeutung durch die Geschichte ersetzt, d. h. die Autorität des göttlichen Kosmos wurde depotenziert durch seine Auslegung als geschaffene, endliche Welt zwischen Anfang und Ende, innerhalb welcher Frist alles auf das sittliche Tun des Menschen und damit auf sein künftiges Heil ankomme. Historisch gesehen liegt bei diesem Verständnis des Christentums, verglichen mit der Botschaft Jesu, bereits eine Verfallsform vor, aber wirkungsgeschichtlich wurde gerade diese spätestens vom zweiten Jahrhundert an sich bildende christliche Selbstdarstellung erfolgreich.

Die Gegensätze zwischen Antike und Christentum sind beträchtlich; sie ließen sich anhand wichtiger Schlüsselwörter wie Sein, Gott, Ewigkeit, Negativität, Notwendigkeit, Freiheit, Glück, Gerechtigkeit und anderer im einzelnen aufzeigen, was ja schon oft genug geschehen ist. Daß die so grundlegende Erfahrung und Deutung der Welt als Natur, als Kosmos in der Wende vom Griechentum zum Christentum verloren ging, ist offenkundig und längst bekannt. Camus selbst differenziert diese These ein wenig, wenn er etwa in »Helenas Exil« schreibt: »Das Christentum begann damit, die Betrachtung der Welt durch die Tragödie der Seele zu ersetzen. Doch wandte es sich zumindest an eine vergeistigte Natur und bewahrte so ein gewisses Gleichmaß.«[33] Später jedoch sei das Christentum – und Camus denkt hier vor allem an das hohe Mittelalter, von dem er allerdings recht wenig wußte – immer mehr einem natur-losen Verständnis der Geschichte anheimgefallen[34], für das die Welt als Kosmos nicht nur eine quantité négligeable, sondern eine Gefahr, eine Versuchung war. Diese Diagnose allerdings läßt sich mit zahlreichen Texten über den contemptus mundi, die vanitas mundi usw. belegen, obwohl es gerade auch seit der Aristoteles-Rezeption des 13. Jahrhunderts in der Theorie gegenläufige Tendenzen gab, die jedoch die christlich-spirituelle Praxis

---

31 Vgl. ebd. 309 (C II, 342).
32 Vgl. TERTULLIAN, *De praescriptione haereticorum*, c. 7 (Migne, PL 2, 23 A).
33 LE 157 (E 855).
34 Vgl. MR 242 (E 702).

im wesentlichen nicht erreichten (wofür die bekannte »Imitatio Christi« ein gutes, wenn auch trauriges Beispiel ist).

Wie aber kommen wir von Antike und Christentum zu der neuzeitlich-aufgeklärten »Wiederholung« dieses Gegensatzes in Gestalt der Antithese von Marx und Nietzsche?

Camus bringt dieses Problem in einem einzigen Satz sehr einprägsam zum Ausdruck; unmittelbar nach den soeben zitierten Sätzen aus »Helenas Exil« heißt es: »Seit Gott tot ist, bleiben nur noch Geschichte und Macht.«[35] Was in diesem Satz alles an geschichtlichen, gesellschaftlichen, kulturellen und philosophisch-theologischen Zusammenhängen enthalten ist, könnte nur in einer ausführlichen Beschreibung dessen vorgestellt werden, was man mit Termini wie Säkularisierung, Aufklärung, Modernität oder Neuzeit bezeichnet. Dieser Prozeß, hinter den man nur um den Preis des Rückfalls in Aberglauben, Fundamentalismus und Intoleranz zurückgehen kann, hat, wie oft bemerkt wurde, dazu geführt, daß bestimmte Weltdeutungsmodelle und -begriffe aus ihren ursprünglichen religiös-metaphysischen Kontexten gelöst wurden – eben aufgrund der metaphysischen Revolte, die zur metaphysischen Revolution übergegangen war – und fortan als scheinbar allein und strikt *philosophische* Wirklichkeitsbeschreibungen in Umlauf blieben. Mit anderen Worten: von dem mythisch-religiösen Charakter der Antike und auch des Christentums blieben – nach einem äußerst differenzierten Prozeß der Distanzierung von Religion überhaupt und insbesondere vom Christentum – *formale*, d. h. die Weltdeutung als ganze bestimmende Strukturen[36] zurück.

Im Falle von Marx trat dabei das Moment der Geschichte, d. h. des Handelns auf bessere Zukunft hin, eindeutig in den Vordergrund. So liest man in Marxens Einleitung zur Kritik der Hegelschen Rechtsphilosophie (1844): »Es ist ... die *Aufgabe der Geschichte*, nachdem das *Jenseits der Wahrheit* verschwunden ist, die *Wahrheit des Diesseits* zu etablieren. Es ist zunächst die *Aufgabe der Philosophie*, die im Dienste der Geschichte steht, nachdem die *Heiligengestalt* der menschlichen Selbst-

---

35 LE 157 (E 855).
36 Vgl. meinen (in manchem ergänzungs- und korrekturbedürftigen) Aufsatz: Strukturen des Christentums, philosophisch, in: H. R. S., *Aporie und Glaube. Schriften zur Philosophie und Theologie.* München 1970, 102–121.

entfremdung entlarvt ist, die Selbstentfremdung in ihren *unheiligen Gestalten* zu entlarven. Die Kritik des Himmels verwandelt sich damit in die Kritik der Erde, die *Kritik der Religion* in die *Kritik des Rechts*, die *Kritik der Theologie* in die *Kritik der Politik*.«[37] Camus wußte auch von dem Anspruch des jungen Marx, der künftige kommunistische Humanismus werde ein vollendeter Naturalismus sein[38], und hatte somit – nicht nur aufgrund der damaligen Marx-Interpretation und der leninistischen Weiterentwicklung – vollkommen recht, wenn er den Marxschen Naturalismus als ein Moment innerhalb der Marxschen *Geschichts*philosophie verstand.

Anders stellte sich freilich für Camus die formale Struktur der Weltauslegung bei Nietzsche dar, dem er sich sehr nahe fühlte und den er intensiver gelesen hatte als Marx. Zwar dürfte die heutige Nietzsche-Forschung, die unüberschaubar ist und keineswegs einhellige Positionen aufweist, Camus' Nietzsche-Rezeption insofern kritisieren, als Camus das Übermensch-Motiv als die Erwartung einer geschichtlichen Zukunft auffaßte und er unter diesem Aspekt mit Maurice Weyembergh als ein linker Nietzscheaner angesehen werden kann[39]; aber von der immer noch umstrittenen Übermensch-Metapher abgesehen, die Camus für einen Verrat an den Griechen und also für eine unangebrachte Konzession an die Geschichte hielt, konnte es auch für ihn nicht zweifelhaft sein, daß Nietzsche insgesamt, also aufgrund seiner Lehre von der Wiederkunft des Gleichen, der Treue zur Erde und des Willens zur Macht, auf der Seite der Griechen und nicht der Christen und also auf der Seite der Natur und des irdisch-gegenwärtigen Lebens steht, freilich eben formal oder struktural betrachtet,

37 K. Marx, *Die Frühschriften*, hrsg. v. S. Landshut. Stuttgart 1953, 208f.
38 Vgl. *Nationalökonomie und Philosophie*, ebd. 235 sowie MR 169 (E 612).
39 Vgl. M. Weyembergh, *Camus nietzschéen de gauche, Aron marxien de droite?* In: Camus et la politique. Actes du colloque de Nanterre 5–7 juin 1985, hrsg. v. J. Guérin. Paris 1986, 227–243; ders., *Camus und Nietzsche*, a.a.O. 70 bzw. 664; s. auch: B. Rosenthal, *Die Idee des Absurden. Friedrich Nietzsche und Albert Camus*. Bonn 1977: A. Pieper, *Camus und Nietzsche*, in: »Helenas Exil«. Albert Camus als Anwalt des Griechischen in der Moderne, hrsg. v. H. R. Schlette u. F. J. Klehr. (Hohenheimer Protokolle Bd. 36) Stuttgart 1991, 65–78 (auch in: Zeitschrift für philosophische Forschung 45 [1991] 171–185) sowie, zur Interpretation des »Übermenschen«, dies., *»Ein Seil geknüpft zwischen Tier und Übermensch«. Philosophische Erläuterungen zu Nietzsches erstem »Zarathustra«*. Stuttgart 1990, 45–69.

denn Nietzsche glaubt nicht an die Götter, ebensowenig wie Camus, der indes sagen konnte, in der Welt des griechischen Mythos fühle er sich am wohlsten[40] und er habe ein »griechisches Herz«[41].

In einer für ihn charakteristischen Antithese hat Camus die Problemkonstellation, die ich zu erläutern suchte, zugespitzt folgendermaßen ausgesprochen: »Für Marx ist die Natur das, was man unterwirft, um der Geschichte zu gehorchen, für Nietzsche das, dem man gehorcht, um die Geschichte zu unterwerfen. Es ist der Unterschied zwischen Christ und Grieche.«[42] Diese Sätze bringen sehr klar zum Ausdruck, daß Camus' Naturverständnis nur als Kritik an einer einseitigen Geschichtstheorie richtig gedeutet werden kann. Die Kritik wird in ihrer Schärfe noch deutlicher vernehmbar, wenn man sich die Antithese, die sie darstellt, nicht nur systematisch und statisch vor Augen führt, sondern – was ja auch naheliegt und unvermeidlich ist – in ihrer eigenen geschichtlichen Abfolge: Wie das Christentum an die Stelle der griechischen Weltdeutung trat, so müssen in Camus' Sicht die in Hegel und Marx kulminierende »pensée purement historique« und eine entsprechende Politik und Zivilisation kritisiert und überwunden werden durch eine sich teilweise an Nietzsche orientierende, neue, struktural-griechische Berufung auf Gegenwart, Erde und Natur als auf jene Wirklichkeit, die der sich verabsolutierenden Geschichte ihre Grenze zeigt und damit das Gleichgewicht von Geschichte und Natur ermöglicht. Die Forderung nach einem solchen Ausgleich, wie Camus sie erhebt, ist somit selbst geschichtlich vermittelt, auch wenn sie ein permanent bestehendes Verhältnis benennt.

Camus hat 1950 in seinem Tagebuch einen Satz über Voltaire notiert, der auch für ihn selbst gilt: »Voltaire hat beinahe alles geahnt. Er hat nur sehr wenig begründet, aber das gut.«[43] Diese Begründung, die eben darin liegt, daß am Ende einer kritischen Prüfung insbesondere der neuzeitlichen Geschichte ein Wert »entdeckt« wird, der sich angesichts von Unterdrückung und Terror aufdrängt, der, wie Camus vorsichtig sagt, »von der menschlichen Natur untrennbar zu sein

---

40 Tgb. I, 296 (C II, 317).
41 Vgl. Interview in »La Revue de Caire« (1948): E 380.
42 MR 67 (E 488).
43 Tgb. I, 297 (C II, 319).

scheint«[44] und der uns somit bewußt macht, daß es eine Grenze gibt, über die die Göttin Nemesis wacht, die diejenigen straft, die die vorgegebenen Maße überschreiten[45], – diese geschichtlich vermittelnde Begründung hat eine die ganze Reflexion Camus' tragende Voraussetzung, nämlich die Bejahung des Lebens und des Willens zum Leben. Diese Voraussetzung in Frage zu stellen, etwa durch die platonisch-christliche Relativierung alles Irdischen, durch altgnostische Weltverneinung, durch östlichen Akosmismus oder durch Rezeptionen solcher Verneinungen etwa bei Mainländer, Cioran und Horstmann[46] kam für Camus nicht in Betracht. Was er in »Sommer in Algier« schrieb: »In diesem Lande, wo alles uns auffordert zu leben«[47], kennzeichnet eine Erfahrung, die auch für ihn selbst evident war und gültig blieb. Die Absurdität, über die der junge Camus, die Situation seiner Zeit mitvollziehend, im »Mythos von Sisyphos« nachgedacht hatte, bleibt zwar für ihn der konkrete Ausgangspunkt des Menschen, dessen Fragen das Schweigen der Welt gegenübersteht[48], aber sie negiert keineswegs den Willen zum Leben, ja zum glücklichen Leben, wie es der vielzitierte Schlußsatz des »Sisyphos« zum Ausdruck bringt. Hier liegt eine Affirmation, ein »Einverständnis« (»consentement«)[49] vor, an dem Camus trotz seiner Versuchung zum Suizid und zum Zynismus nicht irre geworden ist.[50]

Rationalisten kann man nahezu nichts recht machen, und so wird enttäuscht werden, wer von einem Mann wie Camus eine Letztbegründung jener Affirmation verlangen würde. Andererseits versinkt Camus nicht in den Sumpf des Irrationalismus, denn er erfährt die tragende Affirmation als eine Klarheit, an der sich ebensowenig zwei-

---

44 MR 238 (E 697).

45 Vgl. MR 240 (E 699).

46 Vgl. PH. MAILÄNDER, *Philosophie der Erlösung*. Ausgewählt u. mit einem Vorwort versehen v. U. Horstmann. Frankfurt/M. 1989; E. M. CIORAN, *Vom Nachteil, geboren zu sein.* (frz. 1973) Wien 1977 u. Frankfurt/M. 1979; U. HORSTMANN, *Das Untier. Konturen einer Philosophie der Menschenflucht.* Wien/Berlin 1983.

47 In: Hochzeit des Lichts: LE 102 (E 74: »dans un pays qui invite à la vie«).

48 Vgl. MR 9 (E 415); vgl. A. PIEPER, *Camus' Verständnis des Absurden in* Der Mythos von Sisyphos, in: Die Gegenwart des Absurden. Studien zu Albert Camus, hrsg. v. A. Pieper. Tübingen/Basel 1994, 1–15.

49 Vgl. Die Wüste: Le 121 (E 88).

50 Vgl. etwa R 49f (J 58); Tgb. I, 296 (C II, 317).

feln läßt wie am Licht der Sonne. Eine Kritik an Camus müßte meiner Ansicht nach nicht bei diesem Rekurs auf die Griechen und die Natur bzw. die ihn leitende Affirmation ansetzen, weil jedes Denken seine Vorgaben hat, die es reflektiert, sondern bei historischen Aussagen, z. B. in bezug auf das Christentum, bei der Nichtberücksichtigung mancher philosophischer Schulen und freilich auch bei der Frage nach der Praktikabilität seiner Ideen vom Ausgleich zwischen Natur und Geschichte unter den Bedingungen der modernen Industriegesellschaft. Jedoch, wer weiß heute noch zu sagen, was wirklich das Christliche und das Christentum ist, und wo gab und gibt es Ideen, die ohne Rest politisch praktizierbar wären? Diese Gegenfragen sollen hier nur andeuten, daß die mögliche Kritik an Camus einer eigenen Darstellung bedarf. Fairerweise wird man aber anerkennen müssen, daß Camus sowohl auf der historisch-politischen als auch auf der theoretischen Ebene in den wesentlichen Grundzügen recht behalten hat (nicht nur gegenüber Sartre), auch wenn wir von seiner Vision des Ausgleichs von Geschichte und Natur in der Realität nach wie vor weit entfernt sind. Es ist keine Frage, daß jenes Gleichgewicht und daß die Erinnerung an die heraklitischen μέτρα (vgl. Fr. B 30, 31, 94)[51] auch die ökologische Problematik implizieren.[52]

Aber die Respektierung von Grenze und Maß, in der für Camus der wahre Sinn der Revolte liegt, verlangt letzten Endes mehr als so oder so beschreibbare politische Forderungen; sie verlangt eine neue Grundhaltung gegenüber der Wirklichkeit, die auch mehr ist als nur eine neue Ethik, nach der heute so oft und nicht zufällig gerufen wird. Dieses neue Denken müßte ein »frühes« Denken – für Camus das griechische – gegen das rein geschichtliche Denken zur Geltung bringen. Es könnte neu begreifen, daß die Geschichte »nicht alles ist« und daß ebensowenig die Natur »alles ist«, und es müßte sich ohnehin

51 Vgl. Helenas Exil: LE 154f u. 158 (E 853f u. 855); s. auch H. R. SCHLETTE, *Albert Camus und »die Griechen«. Zum Europa-Bild in »L'Homme révolté«*, in: Orientierung 55 (1991) 152–158 (auch in: Ich revoltiere, also sind wir [s. oben Anm. 11], 103–117); im vorliegenden Band S. 105-124.

52 Vgl. H. WERNICKE, *Albert Camus. Aufklärer – Skeptiker – Sozialist. Essay über einen Entwurf vom brüderlichen Menschen*. Hildesheim/Zürich/New York 1984, 220–226; ders., *»Pensée de Midi«. Camus und René Char*, in: »Helenas Exil«. Albert Camus als Anwalt des Griechischen in der Moderne, a.a.O. 91f.

fragen, was es denn heiße, dieses oder jenes sei »nicht alles« oder aber es sei »alles«. In einem neuen Denken, das auf der Suche nach dem wäre, was »alles ist«, müßte auch die Dimension des Heiligen, des sacré, und des Geheimnisses, des secret[53], ihr Recht erhalten. Camus hat mehrfach angedeutet, daß er für diese Dimension empfänglich ist[54] und daß sie sich ihm in dem affirmativen Moment der Natur, insbesondere in der Vollkommenheit des Augenblicks, erschlossen hat – so liest man es in den Aufzeichnungen während seiner Griechenlandreise von 1955 (die mit denen des Griechenland-Reisenden Heidegger zu vergleichen ebenso bezeichnend wie amüsant wäre).[55] Ich bin mir nicht sicher, ob es zulässig ist, zwischen den Aussagen Camus' aus den letzten Jahren seines Lebens, die auf seinen nicht mit Etiketten zu klassifizierenden »sens du sacré«[56] hindeuten, und den Formulierungen des jungen Camus von dem »allgegenwärtigen Herzen der Natur«, dem »klopfenden Herzen der Welt« (»coeur battant du monde«)[57] und ähnlichen einen Zusammenhang oder gar eine Kontinuität zu sehen. Hier von »Animismus« zu sprechen, ist sicherlich völlig abwegig, es sei denn, man würde mit diesem Begriff eine Erfahrung bezeichnen, für die »Welt als Natur« nicht etwas Materielles und Ausgedehntes und in diesem Sinne etwas Totes ist, sondern eben ein lebendiger Kosmos oder, wie Heraklit sagte (Fr. B 30), ein stets lebendes Feuer (πῦρ ἀείζωον).

»La nature est toujours là« – schrieb Camus in »Helenas Exil«. Doch an dieser Stelle, das sei abschließend noch hervorgehoben, fährt er mit Worten fort, die besagen, daß für ihn die kritische Erinnerung an die Natur angesichts der Raserei der Geschichte keineswegs die Verhinderung des Unheils garantiert. Es heißt hier: »Die Natur jedoch bleibt. Sie setzt dem Irrsinn der Menschen ihre ruhigen Himmel

---

53 Vgl. Réponses à Jean-Claude Brisville (1959): E 1923 sowie: Heimkehr nach Tipasa: LE 179 (E 875).
54 Vgl. CL. VIGÉE, *La Nostalgie du sacré chez Albert Camus*, in: La Nouvelle Revue Française 8 (1960) (Hommage à Albert Camus 1913–1960), 527–536; H. R. SCHLETTE, *Albert Camus: Revolte und Geheimnis*, im vorliegenden Band S. 140-158.
55 Vgl. etwa Tgb. II, 196 (C III, 159) sowie M. Heidegger, Aufenthalte. Frankfurt/M. 1989.
56 E 1923 (s. oben Anm. 53 u. 54); vgl. auch CL. VIGÉE, *Le Trajet d'Albert Camus. Dernière rencontre*, in: Le Monde v. 9. 7. 1982 sowie E 1615.
57 In: Der Wind in Djemila: LE 87 u. 86 (E 62 u. 61).

und ihren Sinn entgegen – bis auch das Atom Feuer fängt und die Geschichte im Triumph des Verstandes und im Untergang der Menschheit endet. Doch die Griechen sagten nie, daß die Grenzen nicht überschritten werden könnten. Sie sagten, die Grenze bestehe, und jener werde ohne Gnade getroffen, der sie zu überschreiten wage. Nichts in der Geschichte widerspricht dem heute.«[58]

Offenbar sagen die Sätze, daß die Natur allein nichts bewirkt, sondern daß sie des Menschen bedarf, der sie respektiert, der ihr »folgt«. Ist es also letztlich doch so, daß wir – von den Grenzen, die die Natur anzeigt, redend – unsererseits etwas in die Natur hineinprojizieren, die selbst »nichts« ist? Diese Auffassung, daß die Natur, daß der Kosmos nichts sei außer Materie, res extensa und außer dem Resultat subjektiv-geschichtlicher Projektion und Produktion, ist genau das, was Camus mit seiner Erinnerung an die Griechen zurückweist. Wir haben die Pflicht zu fragen: Wenn der Kosmos, wenn die Natur »nicht nichts« ist, wie ist das zu erklären? Warum ist das so? Oder ist es so »ohne Warum«, wie die Rose, von der Angelus Silesius sagte, sie blühe, weil sie blühe?[59] Wie auch immer man antworten mag, sprechend oder schweigend, Camus hat sein letztes Wort hierzu nicht gesagt und nicht sagen können. Wir tun gut daran, aus ihm kein System[60] zu machen und nicht zu viele Antworten bei ihm zu suchen, vielmehr die Perspektive und die Andeutungen zu beachten, die wir bei ihm, aber gewiß nicht nur bei ihm, finden.

---

58 LE 158 (E 855f).

59 Vgl. ANGELUS SILESIUS, *Cherubinischer Wandersmann* 1, 289, in: Kritische Ausgabe, hrsg. v. L. Gnädiger. Stuttgart 1985, 69.

60 Aus dem Jahre 1947 stammt die Eintragung: »Titel für die Zukunft: System (1500 S.)« (Tgb. 1, 230; C II, 193) Ob sie sich auf einen Plan Camus' bezieht, vermag ich nicht zu beurteilen, halte ich jedoch für unwahrscheinlich; auf wen er hier angespielt haben könnte, vermögen vielleicht (französische) Spezialisten festzustellen. 1939 notierte Camus aus Nietzsches »Götzen-Dämmerung« den Satz: »Der Wille zum System ist ein Mangel an Rechtschaffenheit.« (Tgb. 1, 89 [C I, 174]; vgl. FRIEDRICH NIETZSCHE, *Werke*, hrsg. v. K. Schlechta. [München 1955] Darmstadt 1963, II, 946: »Sprüche und Pfeile«, 26.)

VI

Camus und »die Griechen«

Zum Europa-Bild in »L'Homme révolté«

Es ist nicht meine Absicht, alles aufzuzählen, was Camus mit den Griechen und mit Griechenland verbindet. Auch möchte ich nicht ein Resümee der Tagung »Camus als Anwalt des Griechischen in der Moderne« versuchen, die 1990 stattfand.[1] Schließlich ist es nicht zweckmäßig, hier eine Art Sammelrezension der für unser Thema einschlägigen Camus-Literatur vorzulegen; man denke etwa an die Arbeiten von Dimitris Papamalamis (1965), Pierre Archambault (1972), Monique Crochet (1973), Etienne Barilier (1977), François Bousquet (1977)[2] und anderen. Stattdessen möchte ich lediglich aufzeigen, inwiefern das, was Camus im Schlußkapitel von »L'Homme révolté« als geistige, kulturelle und politische Vision dargelegt hat, die Erneuerung einer »griechischen« Denkweise und Lebenshaltung bedeutet; sollte – heute noch oder erst recht heute – dieser Lebensform eine gewisse Attraktivität zuerkannt werden können, so wäre das natürlich äußerst erfreulich.

Die Formulierung »die Griechen« bedarf der Präzisierung. Heidegger hielt 1955 in Aix-en-Provence den Vortrag »Hegel und die Griechen«. Gadamer sprach vor kurzem über »Heidegger und die

---

1 Vgl. »Helenas Exil«. Albert Camus als Anwalt des Griechischen in der Moderne (Hohenheimer Protokolle, Bd. 36), hrsg. v. H. R. S. u. F. J. Klehr. Stuttgart 1991.

2 Vgl. D. Papamalamis, *Albert Camus et la pensée grecque*. Nancy 1965; P. Archambault, *Camus' Hellenic Sources*. Chapel Hill 1972; M. Crochet, *Les Mythes dans l'œuvre de Camus*. Paris 1973; E. Barilier, *Albert Camus – philosophie et littérature*. Lausanne 1977, 15–53; F. Bousquet, *Camus le méditerranéen – Camus l'ancien*. Sherbrooke 1977; s. auch: H.-L. Scheel, *Zur Bedeutung der griechischen Mythologie für Albert Camus*, in: Renatae Litterae. Studien zum Nachleben der Antike und zur europäischen Renaissance (August Buck zum 60. Geburtstag), hrsg. v. K. Heitmann und E. Schroeder. Frankfurt/M. 1973, 299–317; F. Bartfeld, *L'Effet tragique. Essai sur le tragique dans l'œuvre de Camus*. Paris/Genève 1988, 220–238.

Griechen«. »Hölderlin und die Griechen« ist ein Dauerthema. »Nietzsche und die Griechen« beherrscht sozusagen jede Nietzsche-Interpretation. Daß der frühe Marx sich mit den »Griechen« befaßte, sei nicht vergessen oder verdrängt. Es sind freilich nicht immer dieselben Griechen, auf die man sich beruft. Der Rückbezug auf die Griechen (und zum Teil auch auf die Römer) gehört – spätestens – seit dem 15./16. Jahrhundert zur neuzeitlichen Identität Europas, das ja ohne die Griechen überhaupt nicht denkbar ist; in der sogenannten Schlacht bei Salamis (480) haben sie Europa gegen die Perser und insofern gegen Asien verteidigt und »gerettet«. Zwar hat das Christentum, hat das christliche Mittelalter ebenso wie die arabisch-islamische Kultur das Griechische zurückgedrängt und in entscheidenden Positionen zu überwinden versucht und auch zu überwinden vermocht – man denke an die zentrale, gemeingriechische Ansicht von der Ewigkeit des Kosmos –, aber gleichzeitig haben »die Araber« und »die Christen« das griechische Erbe als solches überliefert und in gewisser Weise auch bewahrt. Diese knappe kulturgeschichtliche Reminiszenz ist angesichts unseres nord- und mitteleuropäischen akademisch-universitären (Bildungs-)Wissens letzten Endes überflüssig, aber uns unterscheidet von den Völkern am Mittelmeer, daß uns das Verständnis für die Präsenz des Griechischen weitgehend fehlt; es ist etwas anderes, ob man den Griechen in Büchern und Museen begegnet oder in einer Kulturlandschaft, aus der die griechische Weltauslegung hervorgegangen ist und in der ihre tragenden Erfahrungen eher nachvollziehbar sind als anderswo. »Permanence de la Grèce« war der Titel eines 1948 in Marseille erschienenen Sammelwerkes, das Beiträge von Gabriele Audisio, Brice Parain, André-Jean Festugière und Texte von Autoren wie Kavafis, Kazantzakis, Seferis, Elytis und anderen enthielt und in dem der damals fünfunddreißigjährige Camus den abschließenden Essay veröffentlichen durfte, der bezeichnenderweise hieß: »L'Exil d'Hélène«[3]. Es war ein relativ kurzer Essay, der die Klage über den Verlust des Griechischen mit dem Ruf nach der

---

3 In: Permanence de la Grèce, S. 381–386. Der Essay wurde von Camus in »L'Eté« aufgenommen, vgl. E 851–857 sowie LE 154–160 (übers. v. M. Lang), jetzt auch in einer von H.-L. Engelhardt überarbeiteten Ausgabe in der »Sammlung Luchterhand« (Bd. 755), Frankfurt/M. 1988: »Hochzeit des Lichts – Heimkehr nach Tipasa. Mittelmeer-Essays«, S. 82–87; s. unten S. 125.

Rückkehr zu Griechenland, zu Ithaka, zu der Erde, die Odysseus den Unsterblichkeitsversprechungen der Nymphe Kalypso vorzog, verband.

Camus hat von sich gesagt, er habe ein »griechisches Herz«[4] und in der Welt des griechischen Mythos fühle er sich am wohlsten[5]. Aber er hat auch gewußt, daß die entscheidende Wende in der Geschichte des Abendlandes der Übergang vom Hellenischen zum Christentum darstellt.[6] So war er sich sehr wohl dessen bewußt, daß er als Grieche in einer von christlichen Problemen bestimmten Welt zu leben hatte.[7] »Die Pest« und »Der Fall«, aber auch das Drama »Die Gerechten« mit der Problematik von Schuld und Gewalt, von Kaliayews persönlichem Glauben und der die Amtskirche repräsentierenden Argumentation der Großfürstin sind nur einige Beispiele dafür. Camus' Verhältnis zum Christentum ist schon oft untersucht worden[8]; es muß hier genügen, daran zu erinnern, daß er stets Respekt vor dem Glauben der aufrichtigen Christen hatte, also nicht – beispielsweise – vor den Gefolgsleuten Francos und dem Typ von Christentum, den sie verkörperten[9], daß er aber persönlich weder zum Christentum noch zu einer anderen positiven Religion einen Zugang fand. Er fand einen solchen Zugang auch nicht zur Religiosität der Griechen, denn er war ein Mensch der Moderne in der aufklärerischen Tradition der französischen Bildung, so jedoch, daß er deren Fortschrittsoptimismus aus dem 18. und 19. Jahrhundert hinter sich gelassen und durch den neuen, in seiner grundlegenden Funktion Descartes vergleichbaren Ausgangspunkt der Absurdität ersetzt hatte. So fragt er aufgeklärt

---

4 Vgl. Interview mit E. Simon in »La Revue du Caire« (1948): E 380.

5 Vgl. Tgb. I, 296 (C II, 317).

6 Vgl. ebd. 309 (342).

7 Vgl. C. A. VIGGIANI, *Notes pour le futur biographe d'Albert Camus*, in: Série Albert Camus I. Paris 1968, 212f.

8 Vgl. vor allem die umfassende Darstellung von I. DI MÉGLIO, *Antireligiosität und Kryptotheologie bei Albert Camus*. Bonn 1975; s. auch: F. CHAVANES, *Albert Camus: »Il faut vivre maintenant«. Questions posées au christianisme par l'œuvre d'Albert Camus*. Paris 1990.

9 Vgl. etwa: Warum Spanien? Antwort an Gabriel Marcel, in: F 80–87 (E 387–396); MR 246 (E 707).

und skeptisch, wie Horst Wernicke zurecht herausstellt[10], wie man leben könne, wenn man weder an Gott noch an die Vernunft glaubt[11]. Die Alternativen, die in den rationalen und irrationalen Terror führten, hat er entschieden verurteilt.[12] Dies zeigt seine Auseinandersetzung mit der Geschichte des neuzeitlichen Europa, wie er sie in »L'Homme révolté« reflektiert hat.[13] Zwar ist nicht zu bestreiten, daß in seinem Überblick, den er selbst als gerafft charakterisiert[14], vieles fehlt – ich erwähne nur die angelsächsischen Traditionen, jedoch auch Kant und Schelling –, aber für Camus hatten die Eingrenzungen, die er vornimmt, gleichwohl die Bedeutung der theoretischen Vermittlung, die dem Schlußkapitel »La Pensée de Midi« vorausgehen mußte.[15] Es bleibt bedauerlich, daß Sartre und sein Kreis diesen Horizont des Buches nicht erkannt hatten oder, aus politischen Gründen, die inzwischen gründlich falsifiziert worden sind, nicht wahrhaben wollten.

Was Camus auf seinem Vermittlungsweg erreichte und was er mit Titeln wie »Maß und Maßlosigkeit«, »Jenseits des Nihilismus« und mit dem Nietzsche entlehnten Gedanken des »Mittags« kennzeichnete[16], war in Wahrheit der Gedanke einer neuen Revolte, die gegen jede Korrumpierung in Revolution resistent bleiben sollte, eine Revolte, deren Hauptstichworte – eigenartigerweise – *Maß* und *Grenze*

---

10 Vgl. H. WERNICKE, *Albert Camus. Aufklärer – Skeptiker – Sozialist.* Hildesheim/Zürich/New York 1984, bes. 85–176.

11 Vgl. Interview in »Servir« (20. 12. 1945): E 1427.

12 Vgl. MR 144–199 (E 583–647); zur Politischen Philosophie Camus' vgl. etwa: G. STUBY, *Recht und Solidarität im Denken von Albert Camus.* Frankfurt/M. 1965; F. H. WILLHOITE Jr., *Beyond Nihilism. Albert Camus' Contribution to Political Thought.* Baton Rouge 1968; R. NEUDECK, *Die politische Ethik bei Jean-Paul Sartre und Albert Camus.* Bonn 1975; Camus et la politique. Actes du colloque de Nanterre 5–7 juin 1985, hrsg. v. J. Guérin. Paris 1986.

13 Vgl. bes. J. GUÉRIN, *L'Europe dans la pensée et l'œuvre de Camus,* in: Albert Camus. Textes réunis par P.-F. Smets. Bruxelles 1985, 57–70.

14 Vgl. MR 13 (E 420): s. auch unten Anm. 63.

15 Vgl. H. R. SCHLETTE, *Politische Philosophie und Geschichtsphilosophie in »L'Homme révolté«,* in: H. R. S./M. Yadel, Albert Camus: L'Homme révolté. Einführung und Register. Essen 1987, 9–41; im vorliegenden Band S. 29-56.

16 Vgl. MR 238, 244 sowie 226 (E 697, 705, 681); zu Nietzsche verweise ich hier lediglich auf: Also sprach Zarathustra, 3. Teil (Ed. K. Schlechta II, 439, 445 u. ö.).

heißen, Stichworte, die sich zur bourgeoisen Verharmlosung gut zu eignen scheinen, weshalb vielleicht Camus mit leidenschaftlicher Rhetorik versuchte, sie als höchste Form des Engagements auszuweisen. Sieht man diese seine Bemühung nicht, die sich zudem als eine Anstrengung innerhalb einer authentischen Linken verstand, so bleibt die Botschaft des Schlußkapitels verschlossen, ja sie wird in ihr Gegenteil verkehrt. Und wenn Camus zur Bekräftigung seiner Vision auf die Autorität der Griechen und des Griechischen sich beruft, wie er es hier vor allem mit der Nennung Platons, Heraklits und Ithakas tut, so scheint er, auf den ersten Blick jedenfalls, seiner Intention selbst Steine in den Weg zu werfen. Aber dies gilt wirklich nur auf den ersten Blick, denn die Berufung auf die Griechen bedeutet im Sinne Camus' die Beschwörung von Einsichten, die dauerhaft sind. Es sind Einsichten, mit denen Camus gleichermaßen gegen das Christentum, den »Marxismus« und den neuzeitlichen Rationalismus Front macht, mit denen er also auf der historischen Bühne eine einsame Position bezieht, der die Vertreter der verschiedenen Parteilichkeiten bis heute nicht zu folgen vermögen, die aber auf längere Sicht Recht behalten könnte.

Damit deutet sich schon an, daß es Camus nicht um ein konservatives oder restauratives »Zurück zu den Griechen« ging. Was dieses »Zurück« betrifft, so liegt hier ein allgemeines hermeneutisches Problem vor, denn immer, wenn uns jemand für die Zukunft etwas empfiehlt, ist diese Zukunft (von wirklichen wissenschaftlichen Entdeckungen abgesehen) nicht vollständig neu, sondern ein Rückgriff auf Früheres, das neu geltend gemacht wird. Nur in diesem Zurück um der Zukunft willen konnte und kann man sich auf Namen beziehen wie Jesus und den Buddha, Platon und Aristoteles, Meister Eckhart und Luther, Kant und Hegel, Marx und Nietzsche. Es geht dabei nicht um die Rückwendung zu den Quellen, an denen angeblich alles gut oder besser war, vielmehr um eine geschichtliche Erfahrung, die jede Generation neu macht: Wir sind niemals am Punkte Null, sondern immer im Kontext der Geschichte und können, wie Sartre sehr gut formuliert hat, mit unserer Freiheit nur aus dem etwas machen, was man aus uns bereits gemacht hat.[17] Sind aber die großen

---

17 Vgl. J.-P. SARTRE, *Marxismus und Existentialismus. Versuch einer Methodik.* Reinbek 1964 (frz. Paris 1960), 75.

religiös-kulturellen Traditionen dasjenige, was uns am intensivsten geprägt oder »gemacht« hat, und vermag jemand wie Camus sich nicht in die Tradition des Christentums hineinzustellen, weil er nicht an die Auferstehung glauben und die christliche Theodizee nicht nachvollziehen kann[18], dann bietet sich die Tradition der Griechen geradezu an, um die menschliche Existenz zu interpretieren. Für andere mag die ägyptische, indische, chinesische, jüdische Tradition usw. die gleiche Aufgabe erfüllen; ob besser oder schlechter, braucht uns hier nicht zu beschäftigen; für Camus aber, und das ist im Kontext der europäischen Geschichte alles andere als zufällig, konnte – auch ohne daß er religiös an Zeus, Athene und Demeter sich wandte – die Welt der Griechen jene Deutungen und Einsichten bereitstellen, die angesichts des katastrophalen Verlaufs der europäischen Geschichte feste Orientierungspunkte versprechen. Kein Zurück zu vergangenen Zeiten also war gemeint, sondern auf der »Spitze der Modernität«[19] ein Neuansatz auf einer Grundlage, die allen einsichtig zu machen ist, weil sie keinerlei religiöse Optionen verlangt, sondern nur die hellsichtige Annahme der Erfordernisse, die sich aufdrängen, wenn wir alle als Menschen unter derselben Sonne leben wollen. Dieses Leben-Wollen allerdings ist hier als Fundamentaloption vorausgesetzt, und auch sie ist eine *griechische* Option in einer als Kosmos, das heißt als schöner Ordnung oder »schöner Anordnung«[20] erfahrenen Welt, der gegenüber weltverneinender Dualismus keine Chance hat. Diese nach vorn gerichtete Beschwörung der Griechen als eine umfassende Revolte der Menschen für die Menschen und für die Erde wird von Camus, wie gesagt, 1948 schon in »Helenas Exil« vorgetragen, d. h. in der Zeit der gedanklichen Reifung von »L'Homme révolté«. In beiden Texten, in »Helenas Exil« und im Schlußkapitel, erinnert Camus an Heraklit und erwähnt er Prometheus und Nemesis sowie die Heimat des Odysseus, und beide Texte enden mit Aufrufen zu griechischer Lebensform.

---

18 Vgl. etwa LE 108 (E 80); LE 116 (E 85) sowie das Interview mit J.-C. Brisville (1959): E 1923; ferner: Der Ungläubige und die Christen, in: F 77 (E 374).
19 Vgl. K. Löwith, *Nietzsches Philosophie der ewigen Wiederkehr des Gleichen.* Stuttgart 1956, 113 u. 115.
20 So K. Held, *Treffpunkt Platon. Philosophischer Reiseführer durch die Länder des Mittelmeers.* Stuttgart 1990, 24.

Es sind vor allem drei Motive, an denen sich im Schlußkapitel das Thema »Camus und ›die Griechen‹« konkretisieren und also auch zeigen läßt, *was* aus der Fülle der Welt der Griechen Camus als das Relevanteste hier hervorhebt. Das erste Motiv heißt ganz einfach: *Platon*. Camus schreibt: »Platon hat gegen Moses und Nietzsche recht. Der Dialog auf menschlicher Ebene kostet weniger als das Evangelium der totalitären Religionen, ein Monolog, von der Höhe eines einsamen Berges herab diktiert. Auf der Bühne wie im Leben geht der Monolog dem Tod voraus.«[21] Camus nennt hier also nur den Platon, der Dialoge schrieb, den Platon des Dialogs, den er ausdrücklich den autoritären Wahrheitsverkündern, als welche er exemplarisch Moses und Nietzsche erwähnt, entgegenstellt. Es geht also keineswegs um den ganzen Platon, zumal Camus den Platon, der die Unsterblichkeit der Seele lehrte, nicht akzeptieren konnte.[22] Nur das Formale, den Dialog, übernimmt Camus hier von (Sokrates und) Platon, in einer sträflich verkürzenden Auswahl, und sagt damit mehr über sich selbst und die von ihm empfundene Notwendigkeit der Moderne aus als über den historischen Platon, von dem wir ja wissen – ich erinnere nur an Poppers (umstrittene) Platon-Kritik –, wie autoritär er in politischer Hinsicht dachte.[23] Seltsamerweise fehlt bei Camus der Rekurs auf Aristoteles, obwohl dessen Gedanken über das Glück und das Mittlere, wie sie in der Nikomachischen Ethik entfaltet werden[24], ihm eigentlich hätten nicht fern liegen können.

Wichtiger ist der zweite Name, dem hier Aufmerksamkeit zu schenken ist: *Heraklit*. Die Berufung auf diesen wohl bedeutendsten unter den sogenannten Vorsokratikern betrifft inhaltlich eine Problematik, der Camus' besonderes Interesse galt. Allerdings beschränkte Camus sich auf einzelne Fragmente; was von der Rezeption der Griechen im allgemeinen zu sagen war – daß sie oft mehr über den Rezipienten selbst aussagt –, bewahrheitet sich erst recht bei der Rezeption Heraklits. Wir brauchen das hier nicht im einzelnen darzustellen, aber es sei doch vermerkt, daß Camus Bekanntes und

---

21 MR 229 (E 687).
22 Vgl. das Kapitel »Antiplaton« bei E. BARILIER, a.a.O. 37–53; s. auch E 1615.
23 Vgl. K. R. POPPER, *Die offene Gesellschaft und ihre Feinde*, 1. Bern/München 1957, 126–227.
24 Vgl. ARISTOTELES, *Nikomachische Ethik* I, 1 u. II, 2 u. ö.

Wesentliches gerade nicht zitiert, weder das Fragment[25] B 53: »Kampf ist aller Vater und aller König ...« noch B 12: »Denen, die in dieselben Flüsse steigen, fließt anderes und anderes Wasser zu«, auch nicht B 32: »Eines, das allein Geistige (das σοφόν), will und will nicht mit dem Namen des Zeus genannt werden«, und nicht einmal das bedeutsame Fragment B 1, das wahrscheinlich den Anfang von Heraklits Buch bildete und die Lehre vom Logos intoniert, der alles trägt und prägt, – den zentralen Gedanken Heraklits. Camus, der Heraklit in der Übersetzung von Yves Battistini kannte[26], hat diese und verwandte Heraklit-Texte vermutlich deswegen beiseite gelassen, weil sie ihm zu affirmativ-metaphysisch waren.

In »Helenas Exil« finden sich zwei Heraklit-Fragmente, die also auf anderes verweisen. Camus schreibt: »Im Morgengrauen des griechischen Denkens verkündet schon Heraklit, daß die Gerechtigkeit sogar dem physischen Universum Grenzen setzt.« Und dann folgt das Fragment B 94, leider zuerst in einer törichten Übersetzung (oder war es ein Druckfehler?), denn aus den Erinnyen, von denen Heraklit spricht, den dienstbaren Geistern der Göttin Dike, der Gerechtigkeit, – Hermann Diels, Bruno Snell und Walter Bröcker übersetzen das Wort sogar mit »die *Schergen*« der Dike[27] – wurden die »Erinnerungen«! In der Ausgabe von »Heimkehr nach Tipasa« im Verlag der Arche und in der des Luchterhand-Verlags ist dieser Fehler erfreulicherweise korrigiert worden.[28]

Ich setze mit dem Zitat noch einmal ein:

»Im Morgengrauen des griechischen Denkens verkündet (imaginait) schon Heraklit, daß die Gerechtigkeit sogar dem physischen Universum Grenzen setzt. ›Die Sonne wird ihre Maße nicht überschreiten, sonst werden die Erinnyen, Bewahrerinnen der Gerechtigkeit, sie ausfindig machen.‹ Wir, die wir das Universum und den Geist

---

25 Deutsch hier nach W. BRÖCKER, *Die Geschichte der Philosophie vor Sokrates.* Frankfurt/M. 1965.

26 Vgl. Y. BATTISTINI, *Trois Contemporains: Héraclite, Parménides, Empédocle.* Paris ³1955; vgl. D. PAPAMALAMIS, a.a.O. 28, 41, 72.

27 Vgl. H. DIELS, *Die Fragmente der Vorsokratiker.* Hamburg (rowohlts Klassiker) 1957, 29; HERAKLIT, *Fragmente. Griechisch und deutsch,* hrsg. v. B. Snell. München/Zürich ¹⁰1989, 31; W. BRÖCKER, a.a.O. 43.

28 Zürich 1957, 89 sowie Frankfurt/M. 1988, 82f (vgl. oben Anm. 3).

aus ihrer Bahn geworfen haben, lachen über diese Drohung. In einem trunkenen Himmel entzünden wir die Sonnen, die wir wollen. Aber das hindert nicht, daß die Grenzen bestehen und daß wir es wissen.«[29]

Wenig später führt Camus ein Heraklit *zugeschriebenes* Fragment an (A 131), das in dieselbe Richtung weist wie das Fragment B 94. In der deutschen Übersetzung lautet es: »Vermessenheit, Rückgang des Fortschritts«. Nun geht es hier nicht um Philologie, sondern nur darum, was Camus, mit der Autorität eines Heraklit, sagen will, nämlich: Wenn es im Kosmos sogar Grenzen für die Sonne gibt – Diels läßt hier einfach das Wort »Helios« stehen[30] –, dann erst recht für die Menschen; wenn Camus von jenen Sonnen spricht, die wir selbst entzünden könnten, so spielt er damit offenbar auf die Atombombe an, deren Abwurf auf Hiroshima er schon am 8. August 1945 im »Combat« scharf kritisiert hatte.[31]

Zu den schon zitierten Heraklit-Worten paßt noch ein weiteres, das Camus jedoch nicht wörtlich zitiert; es handelt sich um eine freie Bezugnahme auf das Fragment B 43. Nach Heraklit sei die Unmäßigkeit eine Feuersbrunst. Und Camus fügt, in der Perspektive seiner Europa-Kritik, hinzu: »Die Feuersbrunst breitet sich aus, Nietzsche ist überholt. Europa philosophiert nicht mit Hammerschlägen, sondern mit Kanonendonner.« Bezeichnenderweise fährt Camus unmittelbar fort: »Die Natur jedoch bleibt. Sie setzt dem Irrsinn der Menschen ihre ruhigen Himmel und ihren Sinn entgegen – bis auch das Atom Feuer fängt und die Geschichte im Triumph des Verstandes und im Untergang der Menschheit endet. Doch die Griechen sagten nie, daß die Grenzen nicht überschritten werden könnten. Sie sagten, die Grenze bestehe, und jener werde ohne Gnade getroffen, der sie zu überschreiten wage. Nichts in der Geschichte widerspricht dem heute.«[32]

Auch im Schlußkapitel von »L'Homme révolté« findet sich, in

---

29 LE 155 (E 853f).
30 Ob und inwiefern Diels damit ausdrücklich auf den »Gott Helios« verweisen will, vermag ich nicht zu beurteilen; vgl. K. Kerényi, *Die Mythologie der Griechen.* Zürich ²1951, 186–190.
31 Vgl. E 291–293; s. oben S. 89, Anm. 6.
32 LE 158 (E 855f).

einem philosophisch sehr bedeutsamen Zusammenhang, eine Erwähnung Heraklits, jedoch ohne eine ausdrückliche Zitation. Wiederum geht es um Grenze, Maß und die wachende und strafende Göttin Nemesis. Camus spricht kurz über das wechselseitige Verhältnis von Rationalität und Irrationalität, von Sein und Werden und fährt dann fort: »Die Welt ist nicht reine Beständigkeit, aber auch nicht nur Bewegung. Sie ist Bewegung und Beständigkeit (mouvement et fixité). Die historische Dialektik z. B. flieht nicht unaufhörlich auf einen unbekannten Wert zu. Sie kreist um die Grenze, den ersten Wert. Heraklit, der Erfinder des Werdens, setzte ... (dem) endlosen Ablauf eine Grenze. Nemesis, die Göttin des Maßes, verderblich den Maßlosen, war das Symbol dieser Grenze. Ein Denken, das die heutigen Widersprüche der Revolte beachten will, müßte seine Inspiration bei dieser Göttin holen.«[33]

Camus bringt hier eine besondere Nuance ins Spiel. Er wendet sich, wie er es ja in den langen Erörterungen zu Hegel und Marx schon getan hatte[34], gegen einen Begriff von historischer Dialektik, die unaufhörlich ins Unbekannte voranschreitet, und setzt an ihre Stelle eine andere Konzeption, die er aber bewußt ebenfalls als »historische Dialektik« versteht, nämlich eine Dialektik, die kreist, d. h. die sich gemäß dem, was Camus auch das »approximative Denken« nennt[35], ständig an der Einhaltung der nicht überschreitbaren Grenze abarbeitet, einer Grenze, die als solche einen ersten Wert zu erkennen gibt, ja dieser erste und grundlegende Wert ist.[36] Heraklit wird, zunächst ziemlich einseitig als Erfinder des Werdens apostrophiert, aber Camus fügt sogleich hinzu, daß solches Werden nach Heraklit nicht ins Endlose läuft, sondern an eine Grenze stößt, für die Nemesis, die Göttin des Maßes, das Symbol sei. Die Einhaltung dieser Grenze in den Exzessen und Widersprüchlichkeiten, in die sich die Revolten metaphysisch und historisch verwickeln können, verlangt nach Camus dem Menschen eine äußerste Spannung ab; die Maßlosigkeit sei demgegenüber »immer eine Bequemlichkeit und manchmal«, wie Camus hinzusetzt, »eine Karriere«. Die Revolte aber ist, zwischen allen Anti-

---

33 MR 240 (E 699).
34 Vgl. MR 109–121 u. 160–171 (E 541–555 u. 602–614).
35 Vgl. MR 239 (E 698).
36 Vgl. MR 227–232 (E 684–690).

nomien oder Kontradiktionen, das Maß, und gerade so und nicht anders die wahre Revolte gegen alle Unfreiheiten und Ungerechtigkeiten.[37] Das griechisch-heraklitische Bewußtsein von Maß und Grenze bildet also unübersehbar die geistig-kulturelle Grundlage der politischen und ethischen Forderungen, die Camus vorträgt.

Wenden wir uns nun dem *Ithaka*-Motiv zu. In »Helenas Exil« beklagt Camus, daß unsere Epoche als einzige meint, die Schönheit entbehren und sich ganz auf die absolute Herrschaft versteifen zu können; »sie will die Welt verwandeln, bevor sie sie ausgekostet hat; sie will darüber verfügen, bevor sie sie begriffen hat. Was sie auch behaupten mag, sie verwandelt diese Welt in eine Wüste.« Und dann fährt Camus fort: »Odysseus darf bei Kalypso zwischen der Unsterblichkeit und der heimatlichen Erde wählen. Er wählt die Erde und mit ihr den Tod. Eine so einfache Größe ist uns heute fremd.«[38]

Das Motiv der Rückkehr des Odysseus nach Ithaka, das an Nietzsches Imperativ »Bleibt der Erde treu« erinnert, wird am Ende von »L'Homme révolté« wieder aufgenommen. Ich möchte hier nicht darauf eingehen, daß Camus den fünften Gesang der Odyssee mit einer argen Verkürzung wiedergibt, die freilich seinem Denken und seinem symbolisierenden bzw. metaphorisierenden Umgang mit der Antike durchaus entspricht; bei Homer hatten nämlich die Götter längst darüber entschieden, was Odysseus – scheinbar frei – tun wird. Camus geht es nicht um diesen religiös-mythologischen Hintergrund, sondern um die Alternative, die er hier sieht. Mit dem Blick auf seine Lieblingsgestalt Kaliayew und die Problematik in »Les Justes«, aber auch im Zusammenhang mit seiner Zurückweisung absoluter und abstrakter Positionen und also seiner Option für das Relative und das Mögliche[39] schreibt er gegen Ende des Schlußabschnitts:

»Kaliayew und seine Brüder auf der ganzen Welt verwerfen ... die Göttlichkeit, denn sie weisen die unbegrenzte Macht, den Tod zu geben, von sich. Sie erwählen und geben uns damit ein Beispiel, die einzige Richtschnur, die heute originell ist: leben und sterben lernen und, um Mensch zu sein, sich weigern, Gott zu sein.

---

37 Vgl. MR 244 (E 704).
38 LE 158f (E 856).
39 Vgl. MR 235 (E 693).

Auf der Mittagshöhe des Denkens lehnt der Revoltierende so die Göttlichkeit ab, um die gemeinsamen Kämpfe und das gemeinsame Schicksal zu teilen. Wir werden Ithaka wählen, die treue Erde, das kühne und nüchterne Denken, die klare Tat, die Großzügigkeit des wissenden Menschen. Im Lichte bleibt die Welt unsere erste und unsere letzte Liebe. Unsere Brüder atmen unter dem gleichen Himmel wie wir; die Gerechtigkeit lebt. Dann erwacht die sonderbare Freude, die zu leben und zu sterben hilft und die auf später zu verschieben wir uns von nun an weigern.«[40]

Diese Hinwendung zu Ithaka, zur Erde, zum Leben knüpft am Ende des kritisch-vermittelnden Durchgangs durch die Geschichte der metaphysischen und der historischen Revolte an jene griechische Einsicht an, die Camus schon als Motto für den »Mythos von Sisyphos« gewählt hatte und die von Pindar stammt: »Liebe Seele, trachte nicht nach dem ewigen Leben, sondern schöpfe das Mögliche aus.« (Pythische Ode III, 3, 61f)

Wiederum geht es um das Heute, nicht um eine ferne Zukunft, für die jetzt Opfer zu bringen seien. Jetzt gilt es zu leben, in Freiheit und Schönheit, wie Camus in »Helenas Exil« ausführt, und der Hauptvorwurf gegen das neuzeitliche Europa lautet, daß es diese Dimension der Gegenwart verloren oder verraten habe. »Die Menschen Europas«, so formuliert Camus auf der vorletzten Seite seines Buches, »den Schatten preisgegeben, haben sich vom strahlenden Fixpunkt abgewandt. Sie vergessen die Gegenwart im Blick auf die Zukunft, den Gewinn für die Menschen über dem Rausch der Macht, das Elend der Banlieues über dem Glanz der Städte und die tägliche Gerechtigkeit über einem eitlen verheißenen Land. Sie verzweifeln an der Freiheit der Personen und träumen von einer seltsamen Freiheit der Gattung; sie lehnen den einsamen Tod ab und nennen Unsterblichkeit eine ungeheuerliche kollektive Agonie. Sie glauben nicht mehr an das, was ist, an die Welt und den lebendigen Menschen; das Geheimnis (secret) Europas ist, daß es das Leben nicht mehr liebt.«[41]

Dieses eigenartige Geheimnis Europas kann Camus nur diagnostizieren und kritisieren, weil er dieses Europa mit den Augen der

---

40 MR 247f (E 708).
41 MR 247 (E 708).

Griechen sieht. »Seit den Griechen« habe sich die Natur mit dem Werden in einem Gleichklang befunden; auch das Christentum habe zunächst das »griechische Denken« in hohem Maße in sich aufgenommen, aber – so schreibt er – »als die Kirche ihr mittelmeerisches Erbe zerstreute, legte sie das Gewicht auf die Geschichte zum Nachteil der Natur, ließ sie das Gotische über das Romanische triumphieren und forderte, indem sie eine Grenze in sich selbst zerstörte, immer stärker die weltliche Macht und die geschichtliche Dynamik.«[42] Im Zusammenhang mit diesen allgemeinen Erwähnungen des Griechischen im Schlußkapitel verwendet Camus hier – so daß man von einer Synonymität sprechen kann – die Formulierungen »mittelmeerischer Geist«, »mittelmeerische Tradition«, »mittelmeerisches Erbe«, ebenso auch den unübersetzbaren Ausdruck »la pensée solaire«, das »Sonnendenken«[43].

Von dem zwanzigjährigen Camus gibt es ein Gedicht mit dem Titel »Méditerranée«[44], dessen poetische Qualität ich nicht beurteilen kann, die aber wahrscheinlich nicht sehr groß ist. Bald darauf, 1936/37, begründen junge Autoren um den Verleger Edmond Charlot in Algier eine Schriftenreihe, die das mediterrane Selbstverständnis artikulieren soll; hier erscheinen Arbeiten von Jean Grenier (»Santa-Cruz«), René-Jean Clôt, Claude de Fréminville, Max-Pol Fouchet, Gabriele Audisio und von Camus selbst »L'Envers et l'endroit« (1937).[45] Jean Grenier verfaßte, 1940/41, eine Schrift mit dem Titel »Inspirations méditerranéennes«, ebenso wie schon vor ihm Paul Valéry im Jahre 1933. Camus brachte 1938 mit einigen Freunden die Zeitschrift »Rivages« heraus, von der allerdings nur zwei Nummern erschienen.[46] »Mediterran« – das hieß vor allem: Erinnerung an die Griechen, verbunden mit deutlicher Distanz gegenüber den Römern und ihrer Neigung zu Abstraktion und Machtwillen – bis hin zu Mus-

---

42 MR 242 (E 702).
43 Vgl. MR 242 /E 701f).
44 In: P. VIALLANEIX, *Le premier Camus suivi de Ecrits de jeunesse d'Albert Camus.* (Cahiers Albert Camus 2) Paris 1973, 223–226.
45 Vgl. den sehr informativen Aufsatz von E. ROBLÈS, *Jeunesse d'Albert Camus,* in: La Nouvelle Revue Française (Hommage à Albert Camus) 8 (1960) 410–421, spez. 413; s. auch die Angaben in: E 1320.
46 Vgl. E. ROBLÈS, ebd. 412; s. Camus' Präsentation dieser Zeitschrift: E 1329–1331.

solini.[47] Doch mehr als das Geographische sollte es eine Existenzweise anzeigen, für die das Leben selbst in all seinen Widersprüchen präsenter und anerkannter schien als in den Theorien und Abstraktionen des übrigen Europa. Camus bewegt sich also in einem bestimmten kulturell-literarischen Kontext, wenn er gegen Ende von »L'Homme révolté« den Begriff des Mediterranen verwendet, ihn jetzt allerdings genauer und reflektierter als früher mit dem Griechischen identifizierend.

Es bleibt aber nicht bei der allgemeinen Beschwörung des mittelmeerischen Denkens, vielmehr spricht Camus jetzt, was er meint und was ihn bewegt, historisch-politisch in einer Antithetik aus, die trotz einer gewissen Zuspitzung geeignet ist, seine Position zu verdeutlichen.

Auf die eine Seite stellt Camus den deutschen Sozialismus des 19. Jahrhunderts im Anschluß an Marx, auf die andere das libertäre Denken der Franzosen, Spanier und Italiener, vor allem im Anschluß an Proudhon. Die deutsche Ideologie (wozu hier auch Marx gehört, nicht nur das, was Marx selbst so nannte) und der mittelmeerische Geist stehen sich gegenüber, ebenso Kommune und Staat, überlegte Freiheit und rationale Tyrannei, altruistischer Individualismus und Kolonisierung der Massen, deutsche Träume und mittelmeerische Tradition, die Gewalt des ewigen Jünglings und die männliche Stärke, eine durch Wissen und Bücher angestachelte Sehnsucht und ein im Laufe des Lebens erhellter und erhärteter Mut, letzten Endes eine einseitig interpretierte und praktizierte Geschichte und die Natur als das Vorgegebene und Bleibende.[48] Freilich hat man hier die Typologisierung und die in ihr enthaltene Polemik zu beachten. Das Mediterrane ist nicht einfach gut, wie Camus wohl wußte, der stets gegen Francos Faschismus kämpfte[49], und wie wir etwa auch an der Diktatur der griechischen Obristen gesehen haben, und der Norden ist nicht einfach schlecht, worauf Camus selbst hinwies, als er die skan-

---

47 So Camus in seiner Rede zur Eröffnung der »Maison de la Culture« in Algier am 8. 2. 1937; vgl. E 1324.

48 Vgl. MR 242 (E 701f).

49 Vgl. oben Anm. 9; s. auch die von R. Quilliot zusammengestellten Texte in: E 1789–1816: »Pour l'Espagne républicaine«.

dinavischen Gesellschaften lobte.[50] Verstehen wir die Absicht seiner Typologisierung richtig, so bedeutet sie eine Absage an Macht, Zentralismus, Herrschaftswillen, Kapitalismus, pures Denken an Geschichte im Sinne bloßer »efficacité«[51] und als leidenschaftliches Plädoyer für den Ausgleich von Gerechtigkeit und Freiheit, Aktion und Schönheit, Politik und Kunst, Geschichte und Natur. Ob es richtig ist, das Christentum, sei es auch nur von einer bestimmten Phase an, ganz auf die Seite der Geschichte zu stellen und damit für die Einseitigkeiten des Ansatzes und der Folgen von Hegel und Marx mitverantwortlich zu machen, kann ich hier nicht mit der nötigen Breite diskutieren. Camus konnte sich selbstverständlich mit einigem Recht auf Nietzsche, Spengler und andere berufen[52], die den scharfen Gegensatz zwischen jüdisch-christlicher und griechischer Weltauffassung aufgezeigt hatten wie viele andere auch – gegenüber den Harmonisierungsversuchen weiter Teile der christlichen Theologie. Das Thema »Antike und Christentum« gibt uns immer noch zahlreiche Probleme auf. Hier sollen lediglich noch einige abschließende Überlegungen zu Camus' Rezeption der Griechen in »L'Homme révolté« hinzugefügt werden.

Obwohl Camus das Buch dem zweiten Zyklus seines Werkes zuordnete, also – nach dem Sisyphos-Zyklus mit der Thematik des Absurden – dem Prometheus-Zyklus, dessen Schwerpunkt das Revolte-Thema bildet und zu dem noch der Roman »Die Pest« und das Drama »Die Gerechten« gehören[53], steht die Prometheus-Figur hier nicht im Mittelpunkt. Abgesehen von dem Abschnitt über Zeugnisse der metaphysischen Revolte bereits in der Antike, in dem Camus, Aischylos folgend, Prometheus nicht nur als Empörer gegen die Götter, sondern weit mehr als Freund der Menschen zeichnet[54] – so wie er es auch in dem Abschnitt »Prometheus in der Hölle« aus 1946 in »L'Eté« getan hatte[55] –, ist von Prometheus nur an vereinzelten Stel-

---

50 Vgl. MR 241f, Anm. 2 (E 701, Anm. 2).
51 Vgl. MR 232–234 (E 690–692).
52 Vgl. E. BARILIER, a.a.O. 57–60.
53 Vgl. oben S. 36, Anm. 16.
54 Vgl. MR 24f (E 438f); s. auch: U. BERNER, *Das Prometheus-Motiv in antiker und moderner Literatur*, in: Saeculum 34 (1983) 334–343, kurz zu Camus 339f.
55 Vgl. LE 144–148 (E 839–844).

len die Rede. Prometheus symbolisiert zweifellos die Revolte in ihrer metaphysischen und historischen Doppelgestalt, aber dem widerspricht ja nicht, daß im Schlußkapitel der Akzent eindeutig auf Nemesis und Ithaka, auf Maß und Grenze, auf Gegenwart und »gelingendem Dasein« liegt. Offenbar ist Camus damit bereits in den dritten Zyklus eingetreten, der der Nemesis-Zyklus werden sollte. Die Botschaft des Nemesis-Zyklus findet sich auch schon in »Helenas Exil«, wo es ganz im Sinne von »L'Homme révolté« heißt: »Das Erkennen der Unwissenheit, das Verneinen des Fanatismus, die Grenzen der Welt und des Menschen, das geliebte Antlitz, die Schönheit endlich, dies ist der Ort, wo wir die Griechen wieder erreichen werden. Auf eine gewisse Art ist der Sinn der Geschichte von morgen anders, als man glaubt. Er besteht im Kampf zwischen den Künstlern und den Eroberern, der Schöpfung und der Inquisition. Trotz dem Preise, den die Künstler mit ihren leeren Händen werden bezahlen müssen, dürfen wir auf den Sieg hoffen. Wieder einmal wird sich die Philosophie des Dunkels verflüchtigen über dem strahlend hellen Meer. O Gedanke des Mittags, der Trojanische Krieg findet fern von den Schlachtfeldern statt. Auch dieses Mal werden die schrecklichen Mauern der modernen Stadt fallen, um ›mit heiterer Seele wie die Stille des Meeres‹ Helenas Schönheit auszuliefern.«[56]

Jedenfalls stellt sich die frühe Option für das Griechisch-Mediterrane oder, wie Camus in »Das Rätsel« schrieb, seine »instinktive Treue zu jenem Licht, in dem ich geboren wurde und in welchem seit Jahrtausenden die Menschen gelernt haben, das Leben zu bejahen bis in seine Leiden hinein«[57], in »L'Homme révolté« als die reflektierte bzw. vermittelte Einsicht in das am Ende aller geschichtlichen Wege und Experimente sich aufdrängende Notwendige dar, – vorausgesetzt, die Menschen wollen und sollen gemeinsam auf dieser Welt, unter derselben Sonne leben, woran Camus natürlich keinen Moment zweifelt. Dieses *unum necessarium* besteht für ihn in der Anerkennung einiger grundlegender, auf das konkrete Zusammenleben bezogener Prinzipien, die er in unsere Zeit überträgt, nicht historisch-repetierend oder gar restaurierend, sondern verfremdend-symbolisierend, säkularisie-

---

56 LE 159f (E 857); s. unten S. 125.
57 LE 167 (E 865).

rend, mit einer »Hermeneutik«, die als solche indes unerörtert bleibt. Diese »Methode«, wenn wir sie denn so nennen wollen, muß zwangsläufig die griechische Religiosität und Metaphysik beiseite lassen, sie kann auch nicht eine Beschreibung der inneren Konflikte der antiken Gesellschaften geben wollen, sondern dient der Absicht, die für unsere Lebenssituation relevanten griechischen Wahrheiten zu entdecken und zur Geltung zu bringen. Zweifellos sind Maß, Grenze, Kosmos, Schönheit, aber auch Gerechtigkeit, Ausgleich, Freundschaft, Gespräch, Freiheit von Fremdbestimmung Prinzipien und Postulate, die aufgrund eines solchen Verfahrens zu gewinnen und zu empfehlen sind. Andererseits läßt sich die durch das Interesse Camus' bedingte Einengung des Griechischen nicht übersehen. Ein besonders sprechendes Beispiel hierfür ist eine Bemerkung Camus' über Plotin. In dem frühen Text »Sommer in Algier« aus »Noces« von 1938 heißt es: »Sich einem Lande verbunden zu fühlen, einige Menschen zu lieben und zu wissen, daß es immer einen Ort gibt, wo das Herz Übereinstimmung findet – das sind bereits viele Gewißheiten für ein einziges Menschenleben, obschon man sich damit zweifellos nicht begnügen kann. Und doch sehnt sich der Mensch zu gewissen Minuten mit allen Fibern nach dieser Heimat der Seele. ›Ja, dorthin müssen wir zurückkehren‹. Und ist es denn so erstaunlich, daß man diese Vereinigung, die Plotin ersehnte, hier auf Erden findet? Hier drückt die Einheit sich aus in den Worten Sonne und Meer. Im Herzen ist sie spürbar (sensible) an einem gewissen Geschmack von Fleisch, der ihre Bitterkeit und ihre Größe ausmacht.«[58]

Die Verwirklichung des in der Welt als Gegenwart je schon Möglichen steht immer im Mittelpunkt des Denkens und der Intention Camus'. Aber man darf das nicht mißverstehen. Camus ist weder Materialist noch gar Nihilist; ich weiß keine zufriedenstellende Titulierung, und es kann sie gewiß auch deshalb nicht geben, weil sein Werk Fragment geblieben ist. Es geht auch nicht an, ihn im antiken Sinne als Pantheisten zu bezeichnen, denn sowohl bei Heraklit als auch bei Plotin läßt er die Dimension des Logos bzw. des Göttlich-Einen beiseite. Um so mehr muß es erstaunen, daß Maß und Grenze für ihn einen *Wert* darstellen, der sein Fundament nicht in menschli-

---

58 LE 104 (E 75).

cher Setzung, sondern in der *Natur* hat, die »immer da« ist, wie Camus formulierte[59], und die sich trotz aller Bewegung und Veränderung behauptet. Allem Relativen unseres Handelns gegenüber erkennt er damit diese eine Vorgegebenheit als Absolutum an. Das ist wohl nur dadurch zu erklären, daß er einen Sinn für das hat, was er »le sacré« nennt[60], ein sehr mißdeutbares und mißbrauchbares Wort. Was es für Camus genau bedeutet hat, läßt sich nur vermuten; wahrscheinlich darf man es, mit äußerster Behutsamkeit, als Nähe zu der altgriechischen Kosmoserfahrung interpretieren, allerdings in der sprachlich schwer aussagbaren Form von Affirmation des Lebens, d. h. eines Ja, an dem er trotz aller zu diagnostizierenden Absurdität, metaphysischen Finsternis und geschichtlich-gesellschaftlichen Misere festhält. Im dritten Band der Tagebücher finden sich einige sehr aufschlußreiche Hinweise, die Camus 1955 auf seiner ersten Griechenland-Reise niederschrieb. So erfährt er in Cap Sounion den »instant parfait«, den vollkommenen Augenblick[61], und zu Mykene notiert er: »Es war der Mühe wert, von so weit her zu kommen, um dieses große Stück Ewigkeit zu empfangen. Danach hat der Rest keine Bedeutung mehr.«[62]

Camus hat 1955 in der von ihm herausgegebenen Reihe »Espoir« im Verlag Gallimard einen Band von Simone Weil mit Texten zur griechischen Tradition vorgelegt unter dem wahrscheinlich von ihm selbst stammenden Titel: »La source grecque«. Dieser Titel könnte mit größerem Recht für Camus selbst in Anspruch genommen werden, weil Simone Weil das Griechische zu sehr als Vorbereitung des Christentums versteht.[63] Die Rezeption des Griechischen bei Camus weist nicht wenige Parallelen mit Hölderlin auf. Die entflohenen Götter, das Gespräch, das wir sind, die Erde als Heimat, die Natur, das Maß – das sind, trotz aller Unterschiede des historisch-kulturellen Kontextes, auch Motive und Themen Hölderlins. Man müßte diese

---

59 Vgl. LE 158 (E 855).

60 Vgl. Interview mit J.-C. Brisville (1959): E 1923; s. auch: Cl. Vigée, *Le Trajet d'Albert Camus. Dernière rencontre*, in: Le Monde v. 9. 7. 1982.

61 Vgl. Tgb. ii, 196 (C iii, 159). Camus verweist hier jedoch sogleich auf die in der Nähe liegende Deportationsinsel Makronissos ...

62 Ebd. 204f (165).

63 Vgl. S. Weil, *Intuitions pré-chrétiennes*. Paris 1951 (dt.: Vorchristliche Schau. München-Planegg 1959); dies., *La Source grecque*. Paris 1953. – S. auch E 1615.

Entsprechungen, auf die Alexander J. Susskind aufmerksam gemacht hat[64], genauer untersuchen. Auch wäre der Frage nachzugehen, inwieweit nicht doch auch von der jüdischen Überlieferung und vom Neuen Testament aus Zugänge zu jener Haltung führen, die Camus aus der griechischen Quelle herleitet und für die er um der menschlichen Solidarität willen plädiert; oder ist es so, daß die biblische Tradition von »Gott«, von der Erschaffung der Welt und nicht zuletzt die Auffassung von Offenbarung und Gnade die menschliche Solidarität notwendigerweise stören und spalten? Ich lasse die Frage hier offen, erinnere aber daran, daß Camus' Verständnis des Christentums sehr von der in vieler Hinsicht äußerst fragwürdigen Theologie des Augustinus bestimmt war und daß inzwischen, nicht zuletzt auch aufgrund der breiten, neuzeitlichen Religionskritik, zu der Camus in entschiedener, aber fairer Weise beigetragen hat, manche Veränderungen im Christentum erreicht werden konnten. Wie dem auch sei, es kommt mir nicht auf Apologetik an, vielmehr geht es heute – gerade angesichts eines gewissen Geredes über die »Neuevangelisierung« – wesentlich darum, die Bedeutung der griechischen Quelle für Europa und die Welt neu zu begreifen.

Das Mediterrane, das Griechische, das Algerische, ja das Afrikanische – gegen diese partikularistische spirituelle Geographie werden sich immer wieder naheliegende Einwände erheben. Camus hat dies natürlich gewußt. Ich möchte meine Überlegungen zu dem Thema »Camus und ›die Griechen‹«, das immer weiter und faszinierender wird, je mehr man sich darauf einläßt, beschließen mit einigen Sätzen aus dem Interview mit Pierre Berger vom 15. Februar 1952, also aus der Zeit der Kontroverse um »L'Homme révolté«.

Berger weist darauf hin, daß die mittelmeerische Herkunft und seine geistigen Quellen Camus zuweilen den Vorwurf des Regionalismus eingetragen hätten und daß das Herz der Denker stets zwischen Norden und dem Midi als zwei sentimentalen Mythen geschwankt habe. Camus erwidert:

»Mein Herz schwankt nicht. Aber ich habe, in meiner Schlußfolgerung, nicht gesagt, die Lösung aller Dinge liege am Mittelmeer. Ich

---

64 Vgl. A. J. Susskind, *Hölderlin et Camus*, in: Revue de Littérature Comparée 43 (1969) 489–504.

habe lediglich gesagt, daß sich, nach 150 Jahren, die europäische Ideologie gegen die Begriffe der Natur und der Schönheit (und folglich auch der Grenze) formiert hat, Begriffe, die, im Gegensatz dazu, im Zentrum des mittelmeerischen Denkens standen. Ich habe gesagt, daß damit zugleich ein Gleichgewicht zerbrochen ist, das Europa nur in diesem Kampf zwischen Mittag und Mitternacht hätte behalten können, und daß eine lebendige Kultur sich nicht außerhalb dieser Spannung konstituieren könnte, d. h. nicht ohne diese mittelmeerische Tradition, die seit so langer Zeit vernachlässigt wurde. Das ist alles. Ich finde, daß in dieser Diagnose viel Vorsicht liegt, etwas zu viel sogar für meinen Geschmack. Von den Küsten Afrikas aus, wo ich geboren wurde, sieht man, wobei die Distanz hilfreich ist, das Gesicht Europas besser, und man weiß, daß es nicht schön ist. Zumindest aber sollte man mich nicht das Gegenteil von dem sagen lassen, was ich gesagt habe.«

Sodann fragt Berger noch, ob Camus eines Tages eine Weiterführung von »L'Homme révolté« schreiben werde oder ob er sich zu gewissen Umarbeitungen (remaniements) veranlaßt sehe.

Darauf antwortet Camus: »Vielleicht werde ich eine Fortsetzung schreiben. Aber warum Umarbeitungen? Ich bin kein Philosoph und habe nie beansprucht, einer zu sein. ›L'Homme révolté‹ ist keine Untersuchung, die die Revolte erschöpfend darstellen wollte und die ich demnach zu ergänzen und zu korrigieren hätte. Ich weiß, was dem Buch in dieser Hinsicht alles fehlt, auf der Ebene der Information wie der Reflexion. Aber ich wollte nur eine Erfahrung wiedergeben, meine eigene, von der ich aber weiß, daß sie auch die vieler anderer ist. In gewisser Beziehung ist dieses Buch eine vertrauliche Mitteilung (confidence) ...«[65]

Bleibt nur noch einzufügen, daß mein Lexikon zu confidence die Erklärung hinzusetzt: »communication d'un secret« ...

---

[65] Interview mit P. Berger in: »Gazette des Lettres« v. 15. 2. 1952: E 742f.

Nachtrag

Von dem Essay »Helenas Exil« existieren drei Fassungen, die geringfügig voneinander abweichen: die in dem Band »Permanence de la Grèce« (Verlag Les Cahiers du Sud, 1948) erschienene (vgl. oben S. 106 u. Anm. 3), die in E 851–857 abgedruckte sowie diejenige, die Camus René Char überreicht hat (mit den Widmungsworten: »A René Char, cette Hélène, passion commune, fraternellement. L'Isle-sur-Sorgue, 30 août 1948« [E 1825]). Die Varianten dieses Textes gegenüber dem in E vorliegenden sind in E 1825f verzeichnet; diese Varianten finden sich indes nicht vollständig im Text in »Permanence de la Grèce« (S. 381–386) wieder. Ein detaillierter Vergleich, der zweifellos erhellend wäre, ist hier nicht möglich. Ich begnüge mich mit dem Hinweis, daß gegenüber dem Ms. »Permanence . . .« (S. 385) und dem Ms. Char (E 1826) im letzten Abschnitt (E 857) die Wörter fehlen, die im folgenden kursiv gesetzt sind: »D'une certaine manière, le sens de l'histoire de demain n'est pas celui qu'on croit. Il est dans la lutte entre *les artistes et les conquérants*, la création et l'inquisition.« Da dieses Detail sachlich nicht uninteressant ist – Künstler und création werden Eroberern und Inquisition gegenübergestellt –, habe ich den Text aus LE 160 entsprechend ergänzt; vgl. S. 120 u. 135.

Camus hat bei der Übernahme von Gedanken aus dem Schlußabschnitt von »L'Exil d'Hélène« in »L'Homme révolté« eine abschwächend klingende Formulierung gewählt: Statt »D'une certaine manière, le sens de l'histoire de demain . . .« (E 857) heißt es nun: »Un des sens de l'histoire d'aujourd'hui, et plus encore de demain . . .« (E 678; vgl. MR 224) Diese Änderung ergibt sich m. E. aus dem Gesamtkonzept von »L'Homme révolté«. Aber auch in »Helenas Exil« konnte es nicht darum gehen, eine einzige Kennzeichnung für den Sinn der gesamten Geschichte zu finden, vielmehr wurde hier, in essayistisch-rhetorischer Zuspitzung, die allgemeine und prinzipielle Sinnrichtung der Geschichte benannt. Es handelt sich also in »L'Homme révolté« um eine explikative Nuance – übrigens, im Unterschied zu »Helenas Exil«, mit skeptischen Untertönen. Außerdem ist zu beachten, daß Camus die Formulierung in »Helenas Exil« von 1948 bei der Neuvorlage dieses Textes in »L'Eté« (1954) beibehalten hat.

VII

Camus und die Hoffnung

Ob das Thema »Camus und die Hoffnung« geeignet ist, in der gegenwärtigen Situation etwas Positives zu bedeuten oder auch nur anzudeuten, steht dahin und wird jeder auf seine Weise beurteilen. Deshalb ist es wohl am zweckmäßigsten, zu Camus ein historisches Verhältnis einzunehmen, sich also zu vergegenwärtigen, in welchem kulturellen und politischen Kontext vor 30–60 Jahren sein Werk und sein Denken situiert sind. Andererseits wird sich zeigen, daß vieles von diesem Werk unvermindert aktuell ist, so daß es kein Schaden wäre, wenn da und dort einer seiner Gedanken mit Zustimmung aufgenommen würde.

Es ist immer wieder erstaunlich, daß in der Öffentlichkeit zu Camus' Namen mit grober Einseitigkeit das Stichwort »Absurdität« assoziiert wird und daß man von Camus oft nicht mehr kennt als dieses Stichwort, das dabei noch vielfach mißverstanden und in bezug auf die Position Camus' falsch interpretiert wird. So könnte es auf den ersten Blick als unangebracht erscheinen, über das Thema »Camus und die Hoffnung« überhaupt zu sprechen. Hat nicht Camus in aller Klarheit und Schärfe die Hoffnung kritisiert? Die deutsche Sprache hat für die französischen Wörter *espoir* und *espérance* nur ein einziges Wort. Deshalb muß beachtet werden, in welchem Sinne Camus sowohl an der espérance als auch an dem espoir Kritik übt, obwohl er uns eine bestimmte, wenn auch vielleicht ungewöhnliche Art von espoir empfiehlt.

Camus wendet sich gegen eine vertikale und eine horizontale Weise des Hoffens. Die vertikale ist die religiöse espérance, und zwar nicht nur die jüdisch-christliche, sondern auch die anderer Religionen und selbst die der platonischen Metaphysik der Seele. Die horizontale ist der geschichtliche espoir, oder vielleicht auch die espérance, die von einer »pensée purement historique« ausgeht und das Glück für eine ferne geschichtliche Zukunft in Aussicht stellt, der die Werte, ja die Gegenwart selbst geopfert werden sollen. Eine sorgfältige theoretische Analyse der Kritik des Hoffens bei Camus müßte von einer genauen Untersuchung seiner Lebensstationen und den Zyklen seines Werkes ausgehen, nach der Entfaltung und eventuellen Veränderung des Camus'schen Denkens fragen und es mit anderen philosophischen und auch religiösen Positionen vergleichen. Das ist hier nicht möglich. Es können hier nur einige Hauptlinien und Konstanten im Denken Camus' aufgezeigt werden.

Schon der junge Camus weigert sich, sich mit dem Tod abzufinden und sich auf ein platonisch oder christlich verstandenes Jenseits vertrösten zu lassen. Diese Position hat sich seit den frühesten Tagebuchaufzeichnungen im Grunde nicht geändert. Camus ist hier zweifellos auch von Nietzsche beeinflußt. So liest man bekanntlich im »Zarathustra«: »Ich beschwöre euch, meine Brüder, *bleibt der Erde treu*, und glaubt denen nicht, welche euch von überirdischen Hoffnungen reden! Giftmischer sind es, ob sie es wissen oder nicht. / Verächter des Lebens sind es, Absterbende und selber Vergiftete, deren die Erde müde ist ...!« (Vorrede, 3) Gegen die Verächter des Lebens verlangt Camus von Anfang an, das Leben auszuschöpfen, obwohl er – mit illusionsloser Klarheit – weiß, daß es – wie er in dem späten Vorwort zu »Licht und Schatten« wiederholt – »keine Liebe zum Leben ohne Verzweiflung am Leben« gibt (LE 18f u. 68; E 11 u. 44), keine Liebe zum Leben, der, wenn sie nicht naiv sein soll, die Erfahrung der Absurdität nicht vorausgegangen ist.

Seine Haltung zum Problem des Hoffens kommt besonders deutlich in dem frühen Text »Sommer in Algier« aus dem Jahre 1937 zum Ausdruck. Er nimmt hier, mit der für ihn charakteristischen Methode der säkularisierenden Umdeutung, ein mythisches Motiv auf, die Erzählung von Pandora, der Frau, die Zeus als Plage der Menschheit erschaffen hatte, um Prometheus zu vergelten, daß er den Menschen das Geschenk des Feuers vom Himmel herabgeholt hat. Das Gefäß, das die Götter ihr mitgegeben hatten, enthielt alle Übel, die die Menschheit jemals plagen sollten; ganz unten in diesem Gefäß lag die Hoffnung, und es gibt zwei Versionen darüber, ob sie nach der mythologischen Auffassung als etwas Gutes oder als etwas Schlimmes anzusehen ist. Hier interessiert nur die Deutung, die Camus in »Sommer in Algier« gibt; er schreibt: »Aus der Büchse der Pandora, in der alle Übel der leidenden Menschheit wimmelten, ließen die Griechen als Letztes und Schrecklichstes die Hoffnung schlüpfen. Ich kenne kein erschütterndes Symbol. Denn Hoffen heißt zuletzt Entsagen (résignation), wenn man auch das Gegenteil zu glauben pflegt. Und Leben heißt: nicht Entsagen.« (LE 106; E 76)

Selbstverständlich hängt Camus' Kritik an der vertikalen Hoffnung mit seiner Interpretation des Todes zusammen, die eine gewisse Ambivalenz aufweist. Camus' Protest richtet sich gegen einen personalen Gott, der der »Vater des Todes« wäre (vgl. MR 23; E 436); andererseits schreibt Camus in »Helenas Exil«: »Odysseus darf bei Kalypso zwischen der Unsterblichkeit und der heimatlichen Erde wählen. Er wählt die Erde und mit ihr den Tod. Eine so einfache Größe ist uns heute fremd.« (LE 159; E 856)

Aber seine Kritik gilt auch jenem horizontalen Hoffen, das uns auf eine ungewisse, unbekannte und ferne Zukunft verweist und diese Zukunft zu einem Moloch erklärt, dem jetzt zu opfern sei. Wie man weiß, erhebt Camus in »L'Homme révolté« gegen die Meisterdenker Hegel und Marx den Vorwurf, sie verlegten die Werte an das Ende eines geschichtlichen Prozesses (vgl. MR 117; E 550), als dessen Vollendung, so daß bis zu diesem Tag X der Endzweck alle Mittel heilige. Gegen Ende des Hegel-Kapitels schreibt Camus: »Der Zynismus, die Vergöttlichung der Geschichte und der Materie, der individuelle Terror oder das Verbrechen des Staates, diese maßlosen Konsequenzen gehen nun aus einer zweideutigen Weltanschauung hervor, die der Geschichte allein die Sorge überläßt, die Werte und die Wahrheit hervorzubringen. Wenn nichts klar erkannt werden kann, bevor am Ende der Zeiten die Wahrheit zutage tritt, ist jede Handlung willkürlich, und am Schluß regiert die Gewalt.« (MR 120; E 554) Es ist interessant, wie häufig bereits Camus den Begriff des Zynismus als Instrument der Kritik an den letzten zwei/drei Jahrhunderten verwendet, also lange vor André Glucksmann und Peter Sloterdijk[1], ein Begriff, der insbesondere den modernen Willen zur Macht als das charakterisieren soll, was er ist.

---

[1] Vgl. A. GLUCKSMANN, *Cynisme et passion.* Paris 1981; P. SLOTERDIJK, *Kritik der zynischen Vernunft,* 2 Bde. Frankfurt/M. 1983.

128

Diesen zynischen Herrschaftswillen deckt Camus auch in seiner Analyse des faschistischen Irrationalismus auf. Der Faschismus, so schreibt er in »L'Homme révolté«, ist »die Verachtung«, und »jede Form von Verachtung, in die Politik eingedrungen«, bereite den Faschismus vor oder führe ihn ein (MR 147; E 586). Im Zusammenhang seiner Reflexionen über den »Terrorismus des Staates und den irrationalen Terror« entlarvt Camus den heißgelaufenen Dynamismus der Faschisten, der im Unterschied zum russischen Kommunismus nur ein primitiver Drang sei (vgl. MR 152; E 592), als eine »Gangstermoral« (MR 146; E 585), die nicht einmal einen Vorblick auf die Zukunft eines Weltreichs gestattet habe (vgl. MR 152; E 591f). Die nihilistische Revolution der Nazis, so sagt Camus mit Recht, hatte nichts Schöpferisches; ihr Anspruch auf ein »tausendjähriges« Reich war in der Tat nicht der Ausdruck einer humanistischen Hoffnung, sondern die Camouflage eines schrecklichen Provinzialismus (vgl. MR 151; E 591). »Die Verbrechen Hitlers, darunter das Massaker an den Juden, sind in der Geschichte ohne Beispiel, denn die Geschichte berichtet von keinem Fall, in dem die Doktrin einer derartig totalen Zerstörung die Kommandostellen einer zivilisierten Nation einnehmen konnte. Aber vor allem haben zum erstenmal in der Geschichte Männer der Regierung ihre unermeßliche Macht dazu angewandt, eine Mystik außerhalb jeder Moral aufzustellen. Dieser erste Versuch einer auf dem Nichts aufgebauten Kirche wurde mit der Vernichtung bezahlt. Die Zerstörung von Lidice zeigt deutlich, daß der systematische und wissenschaftliche Anstrich der Hitlerschen Bewegung in Wahrheit einen irrationalen Anfall verdeckt, der nichts anderes als derjenige der Verzweiflung und des Hochmuts sein kann.« (MR 150; E 590) Man findet also im Faschismus letztlich weder eine horizontale Hoffnung noch eine Zustimmung zu den rationalen Ansprüchen und Bedürfnissen des gegenwärtigen Daseins, sondern einen blinden Exzeß eines mißverstandenen, Nietzsche und andere Traditionen mißbrauchenden Lebenswillens.

Dagegen liegt – wie Camus deutlich gesehen hat – eine große horizontale Hoffnung, ja eine Prophetie im Denken von Marx und in der politischen Verheißung der Revolution von 1917. Camus hat sich mit der Situation und der Entwicklung in Rußland im 19. und 20. Jahrhundert sehr gründlich beschäftigt, wie insbesondere seine Notizen im zweiten Band der »Carnets« zeigen. Es muß hier genügen, an sein abschließendes negatives Urteil zu erinnern: »Die Utopie ersetzt Gott durch die Zukunft. Sie identifiziert die Zukunft mit der Moral; der einzige Wert ist der, der dieser Zukunft dient. Daher kommt es, daß sie fast immer zwangsausübend und autoritär war. Als Utopist unterscheidet sich Marx von seinen schrecklichen Vorgängern nicht, und ein Teil seiner Lehre rechtfertigt seine Nachfolger.« (MR 169; E 613) Eine ferne geschichtliche Zukunft ist also für Camus kein legitimer Gegenstand des espoir, weil um dieser Zukunft willen auf die Möglichkeiten des gegenwärtigen Lebens verzichtet werden müßte.

Damit stehen wir nun vor der Frage, ob bei Camus nach der Abweisung der vertikal-religiösen und der horizontal-historischen Erwartungen überhaupt noch eine Möglichkeit bleibt, von Hoffnung zu sprechen. Camus selbst hat das Wort gelegentlich in Anspruch genommen. Er gab nicht nur bei Gallimard eine Reihe mit dem Titel »Espoir« heraus, sondern schrieb auch auf das Typoskript von »L'Homme révolté«, das er seinem Freund, dem Dichter René Char, übergab, mit dem gemeinsam er das Buch konzipiert hatte, es sei ein »livre d'espoir« (E 1635). Wir haben also zu fragen: Was ist das Fundament, von dem her Camus' Kritik der espérance und des espoir ausgeht, und ist es vielleicht dieses Fundament, dieser Hinter- oder Untergrund im Denken Camus', wo wir jenen étrange espoir finden werden, der für Camus charakteristisch ist?

Diesen Grund oder Unter-Grund Camus' zu kennzeichnen, bereitet den Interpreten nach wie vor große Schwierigkeiten. Mit Klischees wie Atheismus, Sensualismus, Naturalismus ist man inzwischen sehr zurückhaltend geworden. Man hält sich jetzt mehr an die Hinweise, die Camus selbst gegeben hat. Immer wieder hat er sich auf die Griechen bezogen. »Je me sens un cœur grec«, sagte er 1948 in einem Interview (E 380); in der Welt des griechischen Mythos fühle er sich am wohlsten, notiert er 1950 im Tagebuch (Tgb. I, 296; C II, 317). Im Unterschied zu den entschwundenen Göttern der Griechen stehen die Idole Camus' jedoch auf »Füßen aus Ton« (vgl. LE 121; E 88). Menschen, die der Mythen bedürften, seien arm (vgl. LE 79; E 57). Die die Welt transzendierenden Momente im Pythagoreismus, in der Orphik und in der Seelenmetaphysik Platons und Plotins rezipiert Camus ausdrücklich nicht; dazu fehlt es ihm an Erfahrungen und Argumenten. Er liest die Griechen mit den Augen des Menschen unserer Epoche, aber er teilt mit ihnen die Erfahrung der Welt als Kosmos in ihrer Schönheit und ihrer geordneten Begrenztheit, aber auch das Verlangen nach Klarheit des Logos sowie die Erfahrungen des Negativen, des Tragischen und damit der Revolte gegen die Bedingungen des Menschseins. So nimmt Camus eher in einer kritischen, unmythischen Weise die Gestalten des Sisyphos, des Prometheus und der Nemesis auf, denen er je einen Zyklus seines Werkes widmen wollte. Das, was Camus im Blick auf die griechische Tradition festhält und beschreibt, ist also seine eigene Weise, das Leben in seiner Absurdität, d. h. in seiner rational nicht aufhellbaren, nicht durchschaubar zu machenden Rätselhaftigkeit anzunehmen. Denn gerade die Widersprüchlichkeit des Lebens erlaubt es dem bewußt existierenden Menschen nach Camus' Ansicht nicht, ihr ins Negative, in die Verzweiflung oder aber ins Positive, etwa durch den Sprung in eine Religion, zu entfliehen (vgl. MS 32–37; E 121–126), vielmehr gebietet das Absurde, das sich mit dem Bewußtsein zugleich einstelle, als der point de départ den Kampf für eine solidarische humane Existenz (vgl. MS 49f; E 138f sowie MR 11–13; E 417–420).

Die Kenntnis des Absurden ordnet Camus einer »Philosophie der Evidenz« zu, die er in einer Eintragung aus dem Jahre 1943 von einer »Philosophie der Präferenz« unterscheidet.[2] Wir könnten, so schreibt er hier, »zu einer Philosophie gelangen, die dem Geist und dem Herzen zuwider ist, *die sich aber aufdrängt*«. Dem steht als Präferenzphilosophie seine Option für das Griechische gegenüber, die er an dieser Stelle nur andeutet durch die Worte: »ein richtiges Gleichgewicht zwischen Geist und Welt, Harmonie, Fülle usw. ...« (Tgb. 1, 170; C II, 82f) Für Camus wäre also Präferenzphilosophie die Option für das Leben in einer an Motiven des griechischen Seinsverständnisses sich orientierenden eigenen Erfahrung von Welt als Natur in kritischer Korrespondenz zu der einseitigen neuzeitlichen Erfahrung von Welt als Geschichte.

Camus' Option für das Leben überhaupt und in dieser Perspektive für das Sein im Ganzen in der unaufhebbaren Zerrissenheit zwischen Auflehnung und Einverständnis beruht auf präziser Phänomen-Wahr-

---

2 Vgl. oben S. 37, Anm. 19.

nehmung und -Beschreibung. Seine Erfahrungen von Licht, Meer und Wüste sind nicht ungebrochene Erfahrungen von Positivität, vielmehr ist er sich dessen bewußt, daß den Erfahrungen, die er in der algerisch-mediterranen Natur- und Kulturlandschaft gemacht hat, eine Zwiespältigkeit eignet, die Protest und Einverständnis, Nein und Ja, Tod und Leben, Armut und Fülle in sich schließt. Seine »Sonne« zum Beispiel ist nicht nur hell und wohltätig, sondern sie wird auch als finster und bedrohlich geschildert[3]; es gibt eben im Midi das, was Camus in »Helenas Exil« die »tragique solaire« nennt (LE 154; E 853). Camus ist insofern nicht der Zeuge einer schlichten, affirmativen Einheitserfahrung, wohl jedoch bezeugt er das *Verlangen nach Einheit,* worin man zurecht eine Säkularisierung des plotinischen Denkens zu sehen hat. Während für Plotin dieses Verlangen eine Erfahrungsgrundlage in seinen ekstatisch-mystischen Einheitserlebnissen hat, kennt Camus seltene Momente des Einswerdens mit der Welt als Natur, als Kosmos in Erfahrungen von Liebe, Schönheit und künstlerischem Schaffen.[4]

Wollte man auf diesen Hintergrund Camus' ausführlicher eingehen, so müßte man sich vor allem den posthum erschienenen Frühschriften einschließlich der Tagebücher sowie den Essaybänden »Noces« und »L'Eté«, dem Schluß von »L'Homme révolté« und dem Vorwort zur Neuauflage von »L'Envers et l'endroit« zuwenden. Es ist gewiß nicht zufällig, daß sich die Camus-Interpretation in besonderer Weise mit seinen gleichermaßen intellektuellen wie lyrisch-literarischen Essays befaßt hat[5], also insbesondere mit »Noces« und »L'Eté«. Für die angedeutete Welterfahrung Camus' hat der Schweizer Schriftsteller und Literaturwissenschaftler Étienne Barilier das Wort »Ontophilie« eingeführt[6], »Seinsfreundschaft«. Er will damit bewußt den

---

3 Vgl. im vorliegenden Band S. 91 f.

4 Vgl. M. LAUBLE, *Sinnverlangen und Welterfahrung,* a.a.O. 114–127.

5 Vgl. z. B. L. MAILHOT, *Albert Camus ou l'imagination du désert.* Montréal 1973; M. WEIS, *The Lyrical Essays of Albert Camus. »Une longue fidélité«.* Sherbrooke 1976; E. BARILIER, *Albert Camus – philosophie et littérature.* Lausanne 1977; L. HERNÁNDEZ, *Vers une poétique de Noces,* in: Albert Camus 1980. Second International Conference, February 21–23, 1980. The University of Florida, Gainesville, hrsg. v. R. Gay-Crosier. Gainesville 1980, 142–148; H. Mino, Le Silence dans l'œuvre d'Albert Camus. Paris 1987, 33–56.

6 Vgl. E. BARILIER, a.a.O. 13, jedoch auch 196f: »confidence ontologique« und (Ca-

Titel »Ontologie« vermeiden, jedoch die in aller Ambivalenz durchgehaltene Sympathie Camus' für das Leben und, genereller gesprochen, für das »Sein« anzeigen. Diese Haltung der Ontophilie kommt besonders deutlich in dem Vorwort zur Neuausgabe von »Licht und Schatten« zum Ausdruck. Hier erklärt Camus ausdrücklich, seine »Quelle« liege »in jener Welt der Armut und des Lichtes«, in der er lange Jahre gelebt habe (LE 9; E 6), und das Werk, das er noch schaffen möchte, werde »auf diese oder jene Weise« »Licht und Schatten« gleichen und »von einer gewissen Art Liebe handeln«. (LE 21; E 12) Schon in dem für die Interpretation seines Denkens sehr wichtigen Essay »L'Enigme« aus dem Jahre 1950, enthalten in »L'Eté«, hatte Camus geschrieben: »Im schwärzesten Nihilismus unserer Zeit suchte ich nur Gründe, ihn zu überwinden. Übrigens nicht aus Tugend noch aus einer seltenen Seelengröße heraus, sondern aus instinktiver Treue zu jenem Licht, in dem ich geboren wurde und in welchem seit Jahrtausenden die Menschen gelernt haben, das Leben zu bejahen bis in seine Leiden hinein.« (LE 167; E 865) In demselben Essay findet sich auch das Wort von der »unversiegbaren Sonne« (soleil inépuisable) (LE 168; E 865), die im Herzen seines Werkes leuchte, auch wenn dieses Werk bisweilen dunkel wirke. Mit Aussagen dieser Art weist Camus in der Tat auf die ihn letztlich tragende Erfahrung der Ontophilie hin, der Freundschaft zum Sein, ein affirmatives, jedoch kein naives und ungebrochenes Verhältnis, denn, so hieß es schon in »Licht und Schatten« – und ich möchte dieses Wort noch einmal zitieren –, »es gibt keine Liebe zum Leben ohne Verzweiflung am Leben.«

Es müßte also zu Mißverständnissen führen, würde man Camus' Ontophilie von seiner Kritik jener beiden Hoffnungsweisen, von denen die Rede war, und von seinem literarischen und politischen Engagement isolieren. Das, was man seine Ontophilie nennen mag, gewinnt vielmehr sein Recht und seinen Sinn erst aus seiner korrektiven Relation zur konkret-geschichtlichen Realität, die Camus wohl vertraut ist und der er keineswegs ausweicht. So liest man z. B. in »Helenas Exil«: »›Ich hasse meine Epoche‹, schrieb Saint-Exupéry vor seinem Tod, aus Gründen, die sich nicht viel von dem Gesagten

---

mus') »univers ontologique«; s. auch H. R. SCHLETTE, *Albert Camus: Welt und Revolte*, a.a.O. 73–75.

unterscheiden. So erschütternd dieser Schrei dessen ist, der die Menschen in dem, was sie Wunderbares haben, liebte, sind wir doch nicht dieser Ansicht.« Camus kennt die Versuchung, sich »von dieser düsteren und abgezehrten Welt« abzuwenden, aber Worte wie Freiheit, Schönheit, Freundschaft, Treue zu den Grenzen und »hellsichtige Liebe« zu der condition humaine veranlassen ihn, seinen Kampf fortzusetzen (LE 159; E 856), gehalten von einem Optimismus für den Menschen, wenn auch begleitet von Pessimismus gegenüber der Menschheit, wie er schon 1946 in dem Vortrag vor den Dominikanern in Paris formulierte (vgl. F 76f; E 374).

Was hat nun aber, so müssen wir jetzt fragen, die Ontophilie mit der Hoffnung zu tun? Richtet sich die Hoffnung nicht notwendigerweise auf etwas, das noch nicht ist, auf das »Noch-nicht-Sein«, wie Ernst Bloch sich ausdrückte, also nicht auf das Gegenwärtige wie die Ontophilie, sondern auf das, was noch aussteht, was noch kommen mag, sei es zukünftig oder jenseitig? Kann man also bei Camus überhaupt von Hoffnung sprechen?

Je intensiver man über dieses Problem nachdenkt, desto mehr gelangt man zu der auf den ersten Blick paradox erscheinenden Ansicht, daß die Eigenart des espoir bei Camus tatsächlich darin besteht, daß er sich auf das Gegenwärtige richtet, genauer: auf die Möglichkeiten, die im Gegenwärtigen enthalten sind. Ich möchte versuchen, diesen étrange espoir durch einige Überlegungen ein wenig verständlicher werden zu lassen.

Wenn sich die Hoffnung auf die im Gegenwärtigen liegenden Möglichkeiten richtet, so bedeutet das nicht, daß sie sich in naiver und kurzsichtiger Weise nur auf das bezieht, was existiert, was geschieht oder uns »ontisch« zur Verfügung steht. Ganz im Gegenteil geht ja Camus davon aus, daß das, was faktisch ist, als absurd, als widersprüchlich zu gelten hat und daß sich die metaphysische und die historische Revolte in der bisherigen Geschichte der Menschheit gegen das Gegenwärtige als einen schlechten Status quo aufgelehnt hat. Aber diese Kritik des Bestehenden verlangt nach Camus nicht die Verwerfung der Gegenwart schlechthin und die daraus folgende Flucht ins Jenseits oder in eine imaginäre Zukunft, vielmehr ist seine Kritik an der Gegenwart eine Klage über die versäumten, nicht ausgeschöpften Möglichkeiten, die – trotz aller unaufhebbarer Negativität – zu unserem Dasein gehören. Camus stellt also – obwohl er sich immer auch gegen die Prediger der Weltverachtung und des Verzichts gewandt hat – gegen die Banalität, die die Gegenwart lediglich egoistisch, hedonistisch und kapitalistisch auszuschöpfen sucht, einen anderen und besseren Begriff von Gegenwart. Für ihn ist Gegenwart nicht nur der verschwindende Augenblick zwischen Vergangenheit und Zukunft, sondern die uns zugefallene Zeit, die Zeit der jetzt lebenden Generationen. In diesem Sinn umfaßt Gegenwart als »unsere Zeit« zwar die unauslöschliche Erinnerung an eine finstere, skandalöse Vergangenheit (vgl. z. B. MR 150f; E 590f), aber auch das Wissen um etwas Bleibendes, das Wissen, daß die Geschichte »nicht alles« ist, und sie umfaßt auch den den jeweils lebenden Generationen gegebenen Bereich des Möglichen als den Spielraum unseres Handelns. Die Existenz in der Gegenwart, zu der uns der Geist der Ontophilie verpflichtet, läßt sich im Sinne Camus' kennzeichnen als eine andere Art von Geschichtsphilosophie, als Ethik, als Ästhetik und, ich riskiere diese Formulierung, als Offenheit für das Geheimnis der Welt.

Gegenüber der Meinung, Camus habe kein zureichendes Verständnis für die Geschichte, möchte ich hier lediglich daran erinnern, daß seine Kritik nur jener »pensée purement historique« gilt, d. h. dem zur Raserei und zum Terror verleitenden, die Geschichte verabsolutierenden Denken der Moderne. Camus war keineswegs blind gegenüber Zeitlichkeit, Wandel und Prozessualität. Aber *seine Theorie der Geschichte* ist nicht allwissend und abstrakt, sondern konkret und realistisch. Er bringt sie – um nur dieses zu zitieren – in »Helenas Exil« mit wenigen, aber klaren Worten zum Ausdruck: »Das Erkennen der Unwissenheit, das Verneinen des Fanatismus, die Grenzen der Welt und des Menschen, das geliebte Antlitz, die Schönheit endlich, dies ist der Ort, wo wir die Griechen wieder erreichen werden. Auf eine gewisse Art ist der Sinn der Geschichte von morgen anders, als man glaubt. Er besteht im Kampf zwischen den Künstlern und den Eroberern, der création und der Inquisition.« (LE 159f; E 857) Création, »Schöpfung« – das bedeutet hier: freie Kreativität aufgrund der Möglichkeiten, die in der Welt liegen.

In bezug auf die *Ethik* verlangt die im Geist der Ontophilie interpretierte Gegenwart, was Camus vor allem in dem Schlußkapitel von »L'Homme révolté« dargelegt hat. Es ist bekannt, daß Camus hier für

die gegenseitige Bestimmung und Begrenzung von Freiheit und Gerechtigkeit plädiert, für die Anerkennung einer Grenze gegenüber der
Maßlosigkeit des Willens zur Macht, für das offene, von Herrschaft
und Drohung freie Gespräch, ja genauer noch: für ein politisches Engagement, das in den libertären Traditionen des südeuropäischen
Sozialismus auf den Spuren Proudhons Front macht gegen Totalitarismus und Zentralismus und gegen ein rein technologisch-ausbeuterisches Verhältnis zur Natur. Und wenn Camus am Ende seines
Aufsatzes über den Abwurf der ersten Atombombe erklärte, wir hätten künftig zu wählen »zwischen der Hölle und der Vernunft« (vgl. E
293), so hat er auch damit einen politisch-ethischen Imperativ von
bleibender Bedeutung formuliert.

Die Hinwendung zur Gegenwart ist für Camus immer auch charakterisiert durch die Faszination, die von der Schönheit ausgeht, und
durch die Aufgabe, die er der Kunst und dem Künstler zuerkennt. Die
Ästhetik Camus' bemüht sich dabei um einen Weg zwischen der Mentalität des l'art pour l'art und einer Konzeption, die auf die Instrumentalisierung der Kunst abzielt. Kunst, so sagte er am 14. 12. 1957
in Uppsala in seiner Rede mit dem bezeichnenden Titel »Der Künstler und seine Zeit«, »wandelt zwischen zwei Abgründen, der Leichtfertigkeit und der Propaganda.« (F 289; E 1092) Camus' Ästhetik
sucht die Verbindung der Schönheit mit den Erfordernissen der
menschlichen Gemeinschaft, wobei er stets die Freiheit des Künstlers
als eine unverzichtbare Bedingung des künstlerischen Schaffens voraussetzt. »Die Kunst lebt nur von dem Zwang, den sie sich selbst
auferlegt: an fremdem Zwang stirbt sie.« (F 290; E 1093) Aber trotz
seiner inneren Einsamkeit befindet sich der Künstler »in der Arena«
(F 269; E 1080); ja, Camus verwendet noch ein drastischeres Bild:
»Jeder Künstler ist heutzutage auf die Galeere seiner Zeit verfrachtet.« (F 269; E 1079)[7] Seine Ästhetik flieht also nicht in imaginäre und
idyllische Regionen, sondern entwirft die Möglichkeit, in den Sprachen der Kunst der eigenen Epoche zu dienen – in der äußersten
Spannung zwischen Einsamkeit und Solidarität, wie es am Ende der
Novelle »Jonas oder der Künstler bei der Arbeit« angedeutet wird.[8]

---

7 Vgl. E. PARKER, *Albert Camus. The Artist in the Arena*. Madison 1965.
8 In: Das Exil und das Reich. Hamburg 1958, 147 (TRN 1652).

Zu Camus' Ontophilie, zu seinem Verständnis der im Gegenwärtigen liegenden Möglichkeiten gehört schließlich, in einer schwer zu dechiffrierenden Weise, eine Offenheit für die *Dimension des Geheimnisses*.[9] Man darf an diese Frage nicht mit Neugierde, mit Mangel an Diskretion oder gar mit bestimmten religiösen Interessen herangehen. Gleichwohl ist festzuhalten, daß er selbst gesagt hat, er halte nichts von einer vulgären Form der Irreligiosität und er habe Verständnis für das Heilige (»le sens du sacré«) (vgl. TRN 1872; E 1923). Claude Vigée hat von seiner letzten Begegnung mit Camus im Sommer 1959 berichtet[10], Camus habe ihm anvertraut, er empfinde (éprouvait) »au plus profond de soi le besoin du sacré«; dies sei der Grund, weshalb er noch einmal nach Griechenland reisen wolle. Schon 1955 und 1958 hatte er Reisen dorthin unternommen, auf denen ihn die hintergründige Schönheit dieses Landes tangiert hatte.[11] Es spricht vieles dafür, daß ihm – trotz seiner Abgrenzung gegenüber der Mythologie der Griechen als Religion – der griechische Sinn für die Göttlichkeit der Welt als Kosmos nicht verschlossen war.[12]

Da also im Denken Camus' aus der Quelle der Ontophilie im Hinblick auf die Geschichte, die Ethik, die Ästhetik und die Sphäre des Geheimnisses trotz der Zerrissenheit, die unserem Leben in der Welt eignet, bestimmte Zustimmung oder Affirmationen hervorgehen, Zustimmungen, die aus einer »longue fidélité« (E 1829) stammen, dürfen wir sagen, daß hier nicht nur ein étrange amour sich abzeichnet, sondern auch eine seltsame und überraschende Hoffnung. Sie ist, wie jetzt vielleicht deutlicher sichtbar ist, anders geartet als die geläu-

---

9 Vgl. im vorliegenden Band S. 140-158.
10 In: Le Monde v. 9. 7. 1982.
11 Vgl. unten S. 156 f.
12 Es sei lediglich darauf hingewiesen, daß der Koreaner Kim Hwa-Young 1973 in seiner nicht veröffentlichten thèse mit dem Titel: »Un Destin héliotrope. Essai sur l'image de l'eau et de la lumière dans l'œuvre d'Albert Camus« (Universität Aix-en-Provence) gewisse Parallelen mit der taoistischen Weltdeutung erkennen zu können meinte. Auch wird Camus das Buch »L'Esprit du Tao« von Jean Grenier (Paris 1957) gekannt haben, doch sollten wir es vielleicht dabei belassen, an den Logos Heraklits zu denken, von dessen Nähe zu östlichem Denken allerdings bisweilen die Rede ist; vgl. P. Woo, *Begriffsgeschichtlicher Vergleich zwischen Tao, ὁδός und λόγος bei Chuang-tzu, Parmenides und Heraklit.* München 1969 (Für den Hinweis auf diese Arbeit danke ich Knut Walf, Nijmegen.).

figen Formen vertikaler und horizontaler Hoffnung, und obwohl man immer noch zögern mag, das Wort Hoffnung zu verwenden, sehen wir doch, wie die Momente der Treue und der Zustimmung, der Brüderlichkeit und der Freiheit, der Grenze und des Maßes, der Schönheit und des Lichtes gewissermaßen ein existentielles bzw. ein »spirituelles« Klima bilden, in dem sich, jenseits des Nihilismus, die ungewohnte Gestalt einer Hoffnung zu erkennen gibt. Camus selbst hat, ohne ein Wort seiner Kritik an jenen beiden Formen der Hoffnung zurückzunehmen, später in sehr behutsamer Weise von dieser seltsamen und leisen Hoffnung gesprochen. Er beendete die Rede in Uppsala mit den folgenden Sätzen:

»Die großen Gedanken, so ist gesagt worden, kommen auf Taubenfüßen in die Welt. Darum würden wir vielleicht, wenn wir aufmerksam lauschten, inmitten des Aufruhrs der Reiche und der Nationen etwas wie schwaches Flügelrauschen vernehmen, das weiche Rascheln des Lebens und der Hoffnung. Die einen sagen, diese Hoffnung werde von einem Volk verkörpert, die anderen, von einem Menschen. Ich glaube, daß sie im Gegenteil von Millionen Einzelner erweckt, belebt und unterhalten wird, Menschen, deren Tun und Werke jeden Tag die Grenzen und die plumpe Augenfälligkeit der Geschichte abstreiten, um flüchtig die stets bedrohte Wahrheit aufleuchten zu lassen, die ein jeder auf seinem Leiden und seiner Freude für alle aufrichtet.« (F 294; E 1096)[13]

Man darf somit sagen, daß Camus selbst es uns gestattet, ja daß er es offenbar von uns erwartet, in seinem Denken eine Hoffnung, und sei es auch eine ungewöhnliche, zu entdecken. Man kann, wie mir scheint, diese seine Hoffnung in zwei immer wieder bedenkenswerten Sätzen enthalten sehen. Der erste, ein sehr bekannter Satz, der mit wenigen Worten die *theoretisch-prinzipielle Basis* und auch die clairvoyance seiner Hoffnung ausspricht, findet sich in dem späten Vorwort zu »Licht und Schatten« und lautet: »Das Elend hinderte mich, zu glauben, das alles unter der Sonne und in der Geschichte gut sei; die Sonne lehrte mich, daß die Geschichte nicht alles ist. Das Leben än-

---

13 Vgl. das anonyme Zitat bei F. Nietzsche, *Ecce Homo*, Vorrede 4, in: *Werke*, hrsg. v. K. Schlechta. Darmstadt 1963, II, 1067: »Die stillsten Worte sind es, welche den Sturm bringen, Gedanken, die mit Taubenfüßen kommen, lenken die Welt –«

dern, ja, nicht aber die Welt, die ich zu meiner Gottheit machte.« (LE 10; E 6)

Der zweite Satz, eine ethische Grundregel, ja weit mehr: eine Losung der Hoffnung und des Friedens, benennt die *Praxis* der Hoffnung. Camus schrieb diesen Satz wenige Tage vor seinem Tod in einem Interview für eine kleine anarchistische Zeitschrift in Argentinien.[14] Die letzte Frage dieses Interviews hieß: »Wie sehen Sie die Zukunft der Menschheit? Was müßte man tun, um eine weniger von Not bedrückte und freiere Welt zu erreichen?«, und Camus' Antwort lautete: »Geben, wann immer man kann. Und nicht hassen, wenn man es kann.«

Camus wußte offenbar, daß sein Denken nicht den Beifall finden würde, der bei vielen Leuten dem jeweiligen intellektuellen dernier cri sicher ist. Deswegen wohl schrieb er 1948 in sein Tagebuch: »Ich bin nicht modern.« (Tgb. I, 255; C II, 240) Aber gerade diese Distanz gegenüber der Hektik der westlichen Händlergesellschaft und den Rasereien der Moderne erlaubt es ihm, von einer Art zu leben und zu hoffen zu sprechen, die nicht wechselt wie die Moden, sondern dauert wie die Steine, das Meer und das Licht. Daß allerdings in unserer Zeit die extreme und perverse Gefahr besteht, gegen alle Ontophilie die letzte Basis unseres Lebens zu zerstören, hat auch Camus schon gewußt, und deswegen können wir uns, wenn wir über Camus nachdenken, nicht einer naiven Lebensekstase überlassen, sondern müssen uns seines nüchternen Realismus bewußt bleiben.

---

14 Vgl. im vorliegenden Band S. 159-164.

VIII

Revolte und Geheimnis
(secret/mystère)

> »...l'Ombrie (la route de Montesansarino à
> Sienne) est la terre de la résurrection. Je veux dire
> que c'est là qu'on imagine les amis, les amants, se
> retrouver après la mort.«
> *Camus an Grenier (am 24.8.1955, aus Italien)*

Revolte und Geheimnis – das klingt paradox. »Revolte oder Geheimnis« – das klingt scheinbar vertraut nach »Entweder –
Oder«. Somit ist es notwendig, zunächst einiges darüber zu sagen, wie
das Thema meines Vortrags aufzufassen und wie es, gut deutsch und
gut philosophisch, »einzuordnen« ist.

Die Frage, der ich nachgehen möchte, läßt sich nach traditioneller
Weise in den philosophischen Disziplinen »Metaphysik« oder auch
»Religionsphilosophie« unterbringen, aber das ist mir bei dieser Gelegenheit ziemlich gleichgültig. Ich übergehe deshalb langwierige und
komplizierte methodologische Überlegungen, sei es zur Metaphysik,
sei es zur Religionsphilosophie, sei es zur Philosophie überhaupt. Zudem verstand sich Camus selbst nicht als Philosoph. Jean Grenier
überliefert, Camus habe sich für einen »Moralisten« gehalten und den
schönen Titel des Philosophen »den Deutschen und ihren zahllosen
Schülern« überlassen.[1] Ja, Camus amüsierte sich, wenn er als »maître« oder gar als »maître à penser« für die junge Generation apostrophiert wurde.[2] 1945 erklärte er in einem Interview: »Ich bin kein
Philosoph. Ich glaube nicht genug an die Vernunft, um an ein System
zu glauben.« Er fügte jedoch hinzu: »Mich interessiert zu wissen, wie
man leben muß (comment il faut se conduire). Noch genauer: Wie

---

1 J. GRENIER, *Albert Camus. Souvenirs.* Paris 1968, 80.
2 Vgl. die Interviews mit G. d'Aubarède (10.5.1951): E 1340, und mit J.-C. Brisville
(1959): E 1920.

man leben kann, wenn man weder an Gott noch an die Vernunft glaubt.«[3]

Die Frage aber, wie man unter diesen Umständen leben könne, ist eine im Kern philosophische; und auch wenn Camus sich nicht für einen Philosophen hielt, hat er sich philosophisch zu vielem geäußert, jedoch, wie ich einmal zugespitzt formuliere, nicht als Philosoph, sondern als Mensch. Gerade das, scheint mir, zeichnet ihn aus, und in diesem Sinn hat man zurecht von seinem »Denken« gesprochen und ihn unter die »Denker« gezählt.[4]

Was immer dazu noch zu bemerken wäre, es läßt sich nicht übersehen, daß Camus zu sehr schwierigen Fragen Stellung bezogen oder jedenfalls etwas gesagt hat. So hat er selbst uns auch Anlaß gegeben, darüber nachzudenken, ob man bei ihm von dem sprechen kann, was man herkömmlicherweise seine »religiöse Position« nennen würde. Zwar hat er mehrmals versichert, er glaube nicht an Gott – aber er wußte sehr wohl, daß diese populäre Formulierung völlig unklar ist[5]; auch gilt es festzuhalten, daß Camus sich gegenüber einer trivialen Form von Irreligiosität und Atheismus abgegrenzt, sich intensiv mit sogenannten religiösen Problemen und Themen befaßt und von sich gesagt hat, er habe Sinn für das Heilige[6], ja – so noch im Sommer 1959 gegenüber Claude Vigée – er empfinde in sich das Bedürfnis nach dem Heiligen (»il éprouvait au plus profond de soi le besoin du sacré ...«) und wolle abermals nach Griechenland reisen.[7] Ich frage also nach dem religiösen Moment (den verbrauchten Terminis »religiös« mangels eines besseren im umgangssprachlichen Sinn verwendend) nicht aus Gründen der Apologetik oder gar einer gewissen christlichen Vereinnahmungstendenz, sondern allein deswegen, weil Camus selbst von dieser Problematik tangiert war und es somit eine Sache der Redlichkeit ist, dieses Thema zu erörtern. Mich interessiert dabei über-

---

3 Interview in »Servir« (20. 12. 1945): E 1427.
4 Ich verweise nur auf: M. MÉLANÇON, *Albert Camus – Analyse de sa pensée*. Fribourg/Paris 1976 sowie auf das in der Reihe »Große Denker«, hrsg. v. O. Höffe, erschienene Buch von A. PIEPER, *Albert Camus*. München 1984.
5 Vgl. die Interview-Äußerung in Le Monde (31. 8. 1956): TRN 1872; s. auch Tgb. II, 155 (C III, 128).
6 Vgl. Interview mit J.-C. Brisville (1959): E 1923.
7 Vgl. CL. VIGÉE, *Le Trajet d'Albert Camus. Dernière rencontre*, in: Le Monde v. 9. 7. 1982.

haupt nicht, ob es möglich ist, Camus mit einem einschlägigen Etikett zu versehen, also etwa ihn als Sensualisten, Naturalisten, Atheisten, als Agnostiker, Animisten, Pantheisten oder sonstwie zu charakterisieren. Solche Bemühungen mögen nicht völlig abwegig sein, aber ich bin der Ansicht, daß Camus' Äußerungen zu diesem in den Bereich des Privaten gehörenden Thema einerseits zu knapp und andererseits zu diskret sind, als daß man aus ihnen irgendeinen religionsphilosophischen Ismus ableiten könnte. Auch wäre es nicht leicht, die Frage nach einer eventuellen »religiösen« Entwicklung Camus' zu untersuchen; dazu will und kann ich hier nur sagen, daß sein affirmatives Verhältnis zur Welt als Natur ebenso eine Konstante zu bilden scheint wie seine Kritik an den positiven bzw. historischen Religionen. Ohne dieser Frage hier weiter nachzugehen, möchte ich wenigstens hervorheben, daß es nicht möglich ist, Camus' Haltung richtig zu interpretieren, ohne sich zuvor seiner Religionskritik vergewissert zu haben. Ich weiß, daß dies ein eigenes, weites Thema darstellt[8], kann es aber nicht unterlassen, dazu einige Sätze zu sagen.

Camus teilt, wie eine breite neuzeitliche Öffentlichkeit seit dem 17./18. Jahrhundert, die Kritik an der Gottesvorstellung des Judentums, des Christentums und des Islams. Diese Vorstellung scheitert für ihn letztlich an der Unmöglichkeit einer Theodizee. Seine Kritik richtet sich aber auch gegen die religiöse bzw. theologische Rede von Offenbarung, Inkarnation, Gnade, Auferstehung sowie gegen die politische und soziale Praxis der christlichen Kirchen, wie sich etwa an seiner Kritik an Gabriel Marcels Erklärungen zur Kirche im Spanien Francos[9] oder an der Position der Großfürstin in »Les Justes«[10] zeigt. Insbesondere zielt seine Kritik – ähnlich wie diejenige Nietzsches und vieler anderer – auf die platonisch-christliche Spiritualität der Abkehr von der Welt. Camus hat jedoch auch zu den asiatischen Religionen religiös keinen Zugang, auch nicht zum griechischen Mythos als einer Artikulation von Religiosität. Allenfalls als Chiffren menschlicher Er-

---

8 Vgl. H. R. SCHLETTE, *Camus*, in: Religionskritik von der Aufklärung bis zur Gegenwart, hrsg. v. K.-H. Weger. Freiburg/Basel/Wien 1979, 51–56 (Lit.).

9 Vgl. Warum Spanien? Antwort an Gabriel Marcel, in: F 80–87 (E 389–396).

10 Vgl. Die Gerechten, 4. Akt, in: Dramen. Hamburg 1959, 285–290 (TRN 370–376); s. im vorliegenden Band S. 66-69.

fahrungen, die durch Imagination mit Leben zu erfüllen seien[11], schätzt und liebt er die Mythen. Ich komme darauf noch zurück.

Wir müssen also zur Kenntnis nehmen, daß Camus ein zwar nicht rationalistischer, aber doch um rationale »clairvoyance« bemühter aufgeklärter Mensch unserer Epoche ist, der mit den real existierenden Religionen nichts zu tun haben will. Abgesehen von seinem persönlichen Respekt gegenüber religiösen Menschen muß es dabei, soweit es also die Religionen als objektive Größen und Institutionen betrifft, tatsächlich bleiben. Verfolgen wir aber gewisse Andeutungen die da und dort bei Camus zu finden sind, so können wir uns nicht der Einsicht verschließen, daß es in seinem Leben und Denken Elemente gibt, die uns hier interessieren müssen, auch wenn sie, ich wiederhole es, mit den überkommenen Vokabeln »Religion«, »religiös«, »religiöse Erfahrung« nicht angemessen zu kennzeichnen sind. Diese Elemente oder Spuren stehen bei Camus im Zusammenhang mit den Wörtern »Revolte« und »Geheimnis«.

Camus hat – in seinem großen, aber, wie er selbst sagte[12], keineswegs vollständigen Durchgang durch die europäische Geschichte – die Revolte als zentrales Motiv menschlichen Lebens und Handelns aufgezeigt, dabei zwischen dem, was er die »metaphysische Revolte« nannte, und der historischen Revolte unterschieden, die Preisgabe der ursprünglichen, Freiheit und Gerechtigkeit fordernden Revolte, d. h. ihr Umschlagen in totalitäre, sich selbst absolut setzende und dadurch menschenfeindlich werdende Revolution, scharf kritisiert und schließlich seine eigene Theorie der Revolte dargestellt. Geschichtsphilosophische, religionskritische, ethische und politisch-philosophische Reflexionen sind dabei eng miteinander verbunden, und es ist natürlich ganz unmöglich, die Gedankenführung in »L'Homme révolté« und die sich darin vollziehende Argumentation bzw. Vermittlung hier in angemessener Weise nachzuvollziehen.[13] In grober Verkürzung gebe ich also lediglich den Grundgedanken in Camus' Revolte-Verständnis wieder, und zwar hier mit besonderer Blickrichtung auf die metaphysische Revolte.

---

11 Vgl. MS 99 (E 196).
12 Vgl. MR 13 (E 420).
13 Vgl. H. R. SCHLETTE, *Politische Philosophie und Geschichtsphilosophie in »L'Homme révolté«*, im vorliegenden Band S. 29-56.

Das Absurde, die Erfahrung der rational zu konstatierenden und zu reflektierenden Zerrissenheit zwischen Mensch und Welt, zwischen »dem menschlichen Fragen und dem Schweigen der Welt«[14], ist für Camus ein »Ausgangspunkt«, den er ausdrücklich mit dem methodischen Zweifel Descartes' vergleicht.[15] Die Erfahrung des Absurden, die er einer »Philosophie der Evidenz« zuordnet[16], ist für Camus phänomenologisch und existentiell untrennbar mit der Auflehnung gegen das Absurde verbunden. Deshalb kann er schreiben: »Das Absurde hat, wie der methodische Zweifel, Tabula rasa gemacht. Es läßt uns in der Sackgasse zurück. Doch wie der Zweifel kann es ... einer neuen Suche die Richtung weisen. Ich rufe, daß ich an nichts glaube und daß alles absurd ist, aber ich kann an meinem Ausruf nicht zweifeln, und zum mindesten muß ich an meinen Protest glauben. Die erste und einzige Gewißheit, die mir so im Innern der absurden Erfahrung gegeben ist, ist die Revolte. Bar allen sicheren Wissens, gedrängt zu töten oder einem Totschlag beizustimmen, besitze ich nur diese Gewißheit, die sich noch verstärkt durch die Zerrissenheit, in der ich lebe. Die Revolte keimt auf beim Anblick der Unvernunft, vor einem ungerechten und unverständlichen Leben. Aber ihre blinde Wucht fordert die Ordnung inmitten des Chaos und die Einheit inmitten dessen, was flieht und verschwindet. Sie schreit, sie fordert, sie verlangt, daß der Skandal aufhöre und daß zu fester Form zusammentrete, was bisher ohne Unterlaß ins Wasser geschrieben wurde. Ihr Ziel ist, umzuformen.«[17]

Diese Sätze verweisen auf das Ineinander von Negation und Affirmation, das Camus' Idee und Analyse der Revolte durchzieht. In dem Essay zu dem von Jean Grenier herausgegebenen Band »Existence«, den er ohne größere Veränderung in »L'Homme révolté« eingebaut hat, schreibt er geradezu definierend: »Was ist ein Mensch in der Revolte? Ein Mensch, der nein sagt. Aber wenn er ablehnt, verzichtet er doch nicht, er ist auch ein Mensch, der ja sagt aus erster Regung

---

14 MR 9 (E 415).
15 Vgl. MR 12 (E 419).
16 Vgl. Tgb. I, 170 (C II, 82f).
17 MR 12f (E 419).

heraus.«[18] Nein und Ja sind für Camus in der Revolte untrennbar: »Scheinbar negativ, da sie nicht erschafft, ist die Revolte dennoch zutiefst positiv, da sie offenbart, was im Menschen allezeit zu verteidigen ist.«[19]

Die Revolte ist also für ihn, trotz ihrer Negation, immer auch die Bezeugung eines fundamentalen Wertes. Daß dies tatsächlich so ist, wird aber nach Camus erst in der Geschichte der letzten zweihundert Jahre der westlichen Gesellschaft erkennbar, denn: »In der Gesellschaft ist der Geist der Revolte nur in den Gruppen möglich, in denen eine theoretische Gleichheit große faktische Ungleichheiten verdeckt. Das Problem der Revolte hat demnach nur innerhalb unserer westlichen Gesellschaft einen Sinn.«[20] In früheren Gesellschaften dagegen sei Revolte nicht möglich gewesen, weil die Übermacht der Geltung des Heiligen alle Fragen von vornherein ausgeschlossen habe. Ich zitiere abermals: »...der Inka-Untertan oder der Paria« stellen sich »das Problem der Revolte nicht, denn es wurde für sie durch eine Tradition gelöst, bevor sie es sich noch stellen konnten. Die Antwort darauf war das Heilige. Wenn man in der Welt des Heiligen das Problem der Revolte nicht antrifft, so deshalb, weil man dort überhaupt keine wirkliche Problematik findet, da alle Antworten mit einem einzigen Mal erteilt sind. An der Stelle der Metaphysik steht der Mythos. Es gibt keine Fragen mehr, es gibt nur noch Antworten und ewige Kommentare, die dann freilich metaphysisch sein können. Doch bevor der Mensch in das Heilige eintritt und damit er dort überhaupt eintritt, oder sobald er es verläßt und damit er es überhaupt verläßt, ist er ganz Frage und Revolte. Der sich empörende Mensch steht vor oder nach dem Heiligen, hingegeben der Forderung nach einer menschlichen Ordnung, in der alle Antworten menschlich, d. h. vernunftgemäß formuliert sind.«[21]

An diesen Ausführungen ist der letzte Satz von besonderer Bedeutung: »Der homme révolté steht vor oder nach dem Heiligen«. »*Vor dem Heiligen*« – das verweist auf das schwierige religionsgeschichtli-

---

18 MR 14 (E 423); vgl. Remarque sur la révolte, in: L'Existence, hrsg. v. J. Grenier. Paris 1945, 9–23 (E 1682–1697).
19 MR 19 (E 429).
20 Ebd.
21 MR 20 (E 430).

che Problem, ob am Anfang religiöser Artikulation die Erfahrung der Negativität oder des Dissenses gegenüber den menschlichen Lebensbedingungen stand oder aber die Erfahrung des Heiligen bzw. religiös interpretierter Macht. Ich kann diese Frage, da sie primär religionshistorischer Art ist, hier übergehen, halte sie aber auch im Hinblick auf heutige Religionsphilosophie für fundamental. Was aber den homme révolté »*nach*« dem Heiligen betrifft, so benennt diese Formulierung die Situation der Moderne bzw. die Situation »nach der Aufklärung«, und Camus kann daher, diese Situation nachvollziehend, schreiben: »Die Aktualität des Problems der Revolte ist allein dadurch begründet, daß ganze Gesellschaften sich heute vom Heiligen distanzieren wollen. Wir leben in einer entheiligten Geschichte. Der Mensch erfüllt sich freilich nicht im Aufstand (insurrection). Aber durch ihre scharfen Konflikte (contestations) zwingt uns die heutige Geschichte zu sagen, daß die Revolte eine der wesentlichen Dimensionen des Menschen ist. Sie ist unsere historische Wirklichkeit. Wenn wir vor der Wirklichkeit nicht fliehen wollen, müssen wir in ihr unsere Werte finden. Kann man, fern vom Heiligen und seinen absoluten Werten, eine Verhaltensregel finden? Das ist die Frage, die die Revolte stellt.«[22]

Diese »unsere historische Wirklichkeit« in der Neuzeit ist für Camus nicht nur die der historischen Revolte, die er im Blick auf die Französische Revolution, Hegel, Marx, Lenin, Stalin und den Nationalsozialismus beschreibt, sondern immer auch die der metaphysischen Revolte, die für uns heute, in einer Phase von New Age, Neo-Gnosis und Fundamentalismus, sehr viel schwerer zu verstehen ist. Camus definiert die metaphysische Revolte zu Beginn des sie darstellenden Kapitels so: »Die metaphyische Revolte ist die Bewegung, mit der ein Mensch sich gegen seine Lebensbedingung und die ganze Schöpfung auflehnt. Sie ist metaphysisch, weil sie die Ziele des Menschen und der Schöpfung bestreitet. Der Sklave protestiert gegen das Leben, das ihm innerhalb seines Standes bereitet ist, der metaphysisch Revoltierende gegen das Leben, das ihm als Mensch bereitet ist.«[23]

Indem sie gegen die condition des Menschen Einspruch erhebt,

---

22 MR 2of (E 431).
23 MR 22 (E 435).

richtet sich die metaphysische Revolte gegen den immerwährenden Konflikt von Gerechtigkeit und Ungerechtigkeit in dieser Welt, jedoch nicht primär auf der historisch-gesellschaftlichen Ebene, sondern vielmehr dagegen, daß dieser Antagonismus überhaupt in der Welt ist, und insofern allgemein gegen das Leid, den Tod und das Böse. »Indem sie protestiert gegen das, was der Tod an Unvollendetem und das Böse an Zerrissenem ins Dasein bringen, ist die Revolte die begründete Forderung einer glücklichen Einheit gegen das Leid des Lebens und Sterbens.«[24] Der in dieser Form Revoltierende muß sich konsequenterweise weigern, die Macht anzuerkennen, die ihn unter den Bedingungen der Widersprüchlichkeit, des Leidens, des Todes und des Bösen leben läßt. Diese Macht aber sieht Camus in der abendländischen Geschichte vor allem in Gestalt des persönlichen Gottes der jüdisch-christlichen Überlieferung; daß sie auch als Natur oder als Sein überhaupt interpretierbar ist, liegt offenbar außerhalb seiner Reflexion. Somit kann er formulieren: »Wer metaphysisch revoltiert, ist also nicht unweigerlich ein Gottesleugner, wie man glauben könnte, aber er ist notwendigerweise ein Gotteslästerer. Nur lästert er zuerst im Namen der Ordnung, indem er in Gott den Vater des Todes und den größten Skandal aufdeckt.«[25]

Camus stellt den metaphysisch Revoltierenden primär in den personalistisch-theistischen Auslegungshorizont der jüdisch-christlichen Tradition, die nunmehr, in der Neuzeit, offenbar selbst fraglich geworden ist, so daß sie nicht mehr als religionsgeschichtliches Arsenal von Antworten aus einer Welt des Heiligen die Fragen des Menschen verhindern kann. In dem Abschnitt mit der Überschrift »Die Söhne Kains« gesteht er zu, daß die metaphyische Revolte gewisse Vorbilder (modèles)[26] lange vor der Neuzeit gehabt habe. Unter diesem Gesichtspunkt spricht er über die Prometheus-Figur, über Epikur und Lukrez, die alttestamentliche Gottesvorstellung, Jesus (der gekommen sei, zwei Hauptprobleme zu lösen: »das Böse und den Tod«), den Dualismus der Gnosis (speziell Markions), doch alsdann wendet er sich ausführlicher de Sade, Dostojewski, Stirner und Nietzsche zu.

---

24 MR 22 (E 435f).
25 MR 23 (E 436).
26 Vgl. MR 24 (E 438).

Wesentlich ist dabei, daß Camus den Atheismus der Neuzeit aus der Perspektive der metaphysischen Revolte versteht, d. h. eher als Ausdruck eines legitim protestierenden Aufbegehrens und in diesem Sinne der Blasphemie denn als Resultat von Rationalismus oder Positivismus. Was immer dazu differenzierend zu ergänzen wäre, es soll an dieser Stelle nur hervorgehoben werden, daß Camus, wenn auch nur in wenigen Sätzen, zu erkennen gibt, daß die metaphysische Revolte in ihrem Protest gegen die erwähnte Gottesvorstellung für ihn die neuzeitliche Gestalt von Religiosität ist. Ich zitiere die entscheidende Passage:

»Die Geschichte der metaphysischen Revolte kann ... nicht mit derjenigen des Atheismus verwechselt werden. Unter einem bestimmten Gesichtspunkt fällt sie sogar zusammen mit der heutigen Geschichte des religiösen Gefühls. Der Revoltierende fordert eher heraus, als daß er leugnet. Am Anfang wenigstens beseitigt er Gott nicht, er spricht einzig als Ebenbürtiger mit ihm. Doch handelt es sich nicht um ein höfliches Zwiegespräch. Es handelt sich um eine Polemik mit dem Wunsch zu siegen. Der Sklave fordert zu Beginn Gerechtigkeit und am Ende die Herrschaft. Es drängt ihn, nun seinerseits zu herrschen. Der Aufstand gegen sein Leben wächst zu einem maßlosen Feldzug gegen den Himmel aus mit dem Ziel, von dort einen König als Gefangenen einzubringen, dessen Thronverlust und Todesurteil man nacheinander aussprechen wird. Die Rebellion des Menschen endet als metaphysische Revolution.«[27]

Um das Problem genau in den Blick zu bekommen, richte ich die Aufmerksamkeit hier nur auf die beiden ersten Sätze dieses Abschnitts: »Die Geschichte der metaphysischen Revolte kann ... nicht mit derjenigen des Atheismus verwechselt werden. Unter einem bestimmten Gesichtspunkt fällt sie sogar zusammen mit der heutigen Geschichte des religiösen Gefühls.« Für Camus stellt sich das Problem demnach so dar, daß derjenige, der sich, nach der europäisch-christlichen Epoche, den Zustand der Welt im ganzen und die Religionskritik der Neuzeit im besonderen vergegenwärtigt, nur mit dem Gestus der metaphysischen Revolte auf das, was ist, reagieren kann, daß aber gerade darin die heutige Geschichte des religiösen Gefühls, d. h. dieses religiöse Gefühl selbst seinen Ausdruck findet.

---

27 MR 23 (E 436f).

148

Dieses so bestimmte Moment der metaphysischen Revolte ist jedoch, wie Camus es kennzeichnet, eine Negation, ein Protest, eine Herausforderung und damit eine Gestalt, eine Expression des Nein. Dieses Nein lebt aus der Kraft all jener Anfragen und Anklagen, ja jenes schmerzvollen Aufschreis, auf den die Theodizee-Versuche stets antworten wollten. Aber eine Affirmation, ein Ja im Sinne einer gelungenen, erfolgreichen Rechtfertigung Gottes gibt es für die metaphysische Revolte, wie Camus sie versteht, nicht. Wenn gleichwohl zu ihr das Ja gehört, das das Nein des revoltierenden Menschen bewußt oder nicht-bewußt ermöglicht, so liegt dieses Ja für Camus auf der Ebene der menschlichen Selbstbehauptung gegen die metaphysische Ungerechtigkeit, d. h. im Wissen des aufgeklärten Menschen um seine Möglichkeit und seine Grenzen, seine Ehre, seine Fraternität[28] in einer Welt ohne jenen Vater der Ungerechtigkeit und des Todes und nicht zuletzt im Wissen um seine künstlerische Kreativität und in dieser selbst. Es kann kein Zweifel daran sein, daß Camus auf den Wegen des neuzeitlichen Bewußtseins das Ja der metaphysischen Revolte so verstanden hat und zu verwirklichen suchte; es fragt sich jedoch, ob die Betonung dieser humanistischen Affirmation genügt, wenn man Camus gerecht werden will.

Zunächst einmal ist hier daran zu erinnern, daß Camus selbst »Humanismus« für »unzureichend« (»court«) hielt.[29] Hinter der Abweisung dieses Titels steht sein Verständnis der Welt als Natur, der, wie er schon in den ersten Schriften und Tagebuchaufzeichnungen sagt, seine ganze Zuwendung gilt.

1936 notiert der junge Camus, gegen den johanneischen Jesus (vgl. Joh 18,36), in seinem Tagebuch: »Ich bin glücklich in dieser Welt, denn mein Reich ist von dieser Welt.«[30] Wenig später schreibt er in dem Abschnitt »Die Wüste« (in »Noces«): »Die Welt ist schön, und außer ihr ist kein Heil.«[31] Derartige Aussagen geben nicht nur den unmittelbaren Lebenswillen des jungen Camus wieder, sondern stehen immer in dem durchaus mitreflektierten Gegensatz zu einer Abwertung der Welt, die er zurückweist. So lesen wir, ebenfalls in

---

28 Vgl. MR 244–248 (E 705–709).
29 Vgl. Tgb. I, 181 (C II, 102) und vor allem I, 219 (C II, 172).
30 Ebd. II 11 (22).
31 LE 118 (E 87); vgl. Tgb. I, 38 (C I, 74).

»Noces«: »Bei den Eleusinischen Mysterien genügte es, nach innen zu schauen. Ich aber weiß hier und jetzt, daß ich nie nahe genug an die Dinge der Welt herankommen werde.«[32]

Solche Sätze darf man nicht isoliert lesen, so daß ein naturalistisches Mißverständnis entsteht. Denn man muß sich vor Augen halten, daß einerseits auch dem jungen Camus die Erfahrungen des Negativen vertraut waren und daß andererseits weder in den frühen Zeugnissen wie etwa den zitierten noch in späteren Texten jenes platonisch-neuplatonische Transzendieren der Naturschönheit auf das hinter bzw. über ihr stehende Göttliche hin zu finden ist, das zum Symbolismus (auch noch der Romantik) gehört. Was Camus erfährt und bezeugt, beschreibt er schon 1937 im Tagebuch mit Worten, die ein Einswerden mit der Welt intendieren, das jedoch an der Erfahrung der Subjektivität scheitert: »Die Welt ist schön, und darin liegt alles beschlossen. Ihre große Wahrheit, die sie geduldig lehrt, lautet, daß der Geist nichts ist und nichts das Herz. Und daß der Stein, den die Sonne erwärmt, oder die Zypresse, die der wolkenlose Himmel übergroß erscheinen läßt, die einzige Welt abstecken, in der ›Recht haben‹ einen Sinn gewinnt: die Natur ohne Menschen. Diese Welt vernichtet mich. Sie führt mich bis ans Ende. Sie leugnet mich ohne Zorn. Ich aber schreite willig und besiegt einer Wahrheit entgegen, in der schon alles erobert ist – wenn mir nicht Tränen in die Augen stiegen und wenn das schwere Seufzen der Dichtung, das mein Herz beinahe sprengt, mich nicht die Wahrheit der Welt vergessen ließe.«[33]

Wenig später spricht er von der »entente« mit der Erde, die er seine »Religion« nennt[34], und es ist sehr bezeichnend, wie er diese Formulierung in den Text »Die Wüste« übernimmt und hier interpretiert:

»Bloß und nackt zu sein bedeutet stets eine körperliche Freiheit und erinnert an jenen Einklang zwischen Hand und Blumen, an jenes verliebte Einvernehmen zwischen der Erde und dem vom Menschsein befreiten Menschen – und wie gern würde ich mich zu dieser Religion bekennen, wenn sie nicht schon die meine wäre. Nein, dies Bekenntnis

---

32 LE 79 (E 57).
33 Tgb. I, 38 (C I, 74); vgl. LE 119 (E 87).
34 Vgl. Tgb. I, 38 (C I, 75).

ist keine Blasphemie, so wenig wie meine Behauptung, daß das innerliche Lächeln des heiligen Franziskus auf Giottos Bildern diejenigen rechtfertigt, die das Glück lieben. Denn Mythen bedeuten für die Religion dasselbe, was die Poesie für die Wahrheit bedeutet; es sind lächerliche Masken, hinter denen die Leidenschaft, leben zu wollen, sich versteckt (posés sur la passion de vivre).«[35]

Camus erklärt also ganz offen, daß er Mythen für Chiffrierungen menschlicher Daseins- und Welterfahrung hält, nicht für Traditionen, in denen uns immer noch die Kunde von Göttlichem, Heiligem bzw. Religiösem anspräche. Camus versteht die Mythen – das ist schon oft herausgearbeitet worden[36] – menschlich, irdisch, als Metaphern des menschlichen Daseins und des Seins überhaupt, nicht aber als Metaphern *göttlicher* Wirklichkeit. Dies geht aus zahlreichen Aussagen hervor, gerade in der Essay-Sammlung »Noces«, in der Camus' Nähe zur Welt als Natur in ihrer ganzen Spannungsbreite zwischen Fasziniertsein und Ausgeliefertsein besonders deutlich zum Ausdruck gelangt.

»Wie arm sind Menschen, die Mythen brauchen«, schreibt er hier.[37] Ja, er beginnt das Buch mit den Zeilen: »Im Frühling wohnen in Tipasa die Götter. Sie reden durch die Sonne und durch den Duft der Wermutssträucher, durch den Silberküraß des Meeres, den grellblauen Himmel, die blumenübersäten Ruinen und die Lichtfülle des Steingetrümmers.«[38] Und die letzten Worte dieser Schrift heißen: »Florenz! Einer der wenigen Orte in Europa, wo ich begriff, daß im innersten Kern meiner Auflehnung ein Einverständnis schlief. Unter seinem aus Tränen und Sonne gemischten Himmel lernte ich, ja zur Erde zu sagen und in der düsteren Flamme ihrer Lebensfeier zu ver-

---

35 LE 114f (E 84).
36 Vgl. D. PAPAMALAMIS, *Albert Camus et la pensée grecque*. Nancy 1965; M. CROCHET, *Les Mythes dans l'œuvre de Camus*. Paris 1973; H.-L. SCHEEL, *Zur Bedeutung der griechischen Mythologie für Albert Camus*, in: Renatae Litterae. Studien zum Nachleben der Antike und zur europäischen Renaissance (August Buck zum 60. Geburtstag), hrsg. v. K. Heitmann und E. Schroeder. Frankfurt 1973, 299–317; E. BARILIER, *Albert Camus – philosophie et littérature*. Lausanne 1977, 15–53; B. PRATT, *L'Evangile selon Albert Camus*. Paris 1980, 11–25; s. auch: P. ARCHAMBAULT, *Camus' Hellenic Sources*. Chapel Hill 1972; F. BARTFELD, *L'Effet tragique. Essai sur le tragique dans l'œuvre de Camus*. Paris/Genève 1988, 220–238.
37 LE 79 (E 57).
38 LE 75 (E 55).

brennen. Ich ertrug ... aber was? welches Wort? welches Übermaß? Ich ertrug *die Erde!* In diesem großen Tempel, aus dem die Götter geflohen sind, haben alle meine Idole Füße aus Ton.«[39]

Ich habe diese Sätze hier angeführt, um das platonisch-christlich-romantische Mißverständnis abzuwehren. Das Blühen der Mandelbäume, so schreibt Camus 1940, ist »kein Symbol. Wir können unser Glück nicht mit Symbolen erkaufen.«[40] Seine Mythen, die irdene Füße haben, lassen sich weder pantheistisch noch gar animistisch deuten. Die Vereinigung, die Plotin ersehnte, so schreibt er in »Noces«, sei hier auf der Erde zu finden. »Hier verkünden die Sonne und das Meer diese Einheit.«[41] Die Hinwendung zur Welt und die mit ihr verbundene Sehnsucht nach Einheit mit dem, was die Welt und die mit ihr verbundene Ambivalenz an Gelegenheiten zur Affirmation und Identifizierung bereit hält, haben sich seit »Noces« nicht geändert und bleiben für Camus kennzeichnend. Aber damit ist Camus' »Ontophilie«[42] noch nicht ausreichend interpretiert. Es kommt noch etwas hinzu, das Camus nur mit größter Behutsamkeit an vereinzelten Stellen andeutet.

In »L'Exil d'Hélène« schreibt er: »Das griechische Denken wurde immer durch die Vorstellung der Grenze aufgehalten. Nichts wurde bis zum Ende fortgetrieben, weder das Heilige noch die Vernunft. Es hat alles einbezogen, den Schatten durch das Licht ins Gleichgewicht bringend. Unser Europa hingegen, in die Eroberung der Totalität geschleudert, ist die Tochter der Maßlosigkeit. Es leugnet die Schönheit, wie es alles leugnet, was es nicht anbetet.«[43] Die Implikationen solcher Sätze sind weitreichend. Sie deuten das bleibende Recht des »Heiligen« neben dem der Vernunft an und formulieren eine aktuelle Kritik an Europa (dessen »Hochmut« bloßzustellen dann das erklärte Ziel von »L'Homme révolté« ist[44]). Der Hinweis auf das Äquilibrium der Griechen mag hier – in seiner ganzen Erläuterungsbedürftigkeit – lediglich als eine Andeutung neben anderen genannt sein.

---

39 LE 121 (E 88).
40 LE 142 (E 836).
41 LE 104 (E 75); vgl. M. LAUBLE, *Sinnverlangen und Welterfahrung*, a.a.O. 114–147.
42 Vgl. E. BARILIER, a.a.O. 13.
43 LE 154 (E 853).
44 Vgl. MR 13 (E 420).

In dem Abschnitt »Minotaurus« – bereits von 1939 und ebenfalls in »L'Eté« – spricht Camus kurz über den Buddha. »Denken wir an Shākyamuni in der Wüste. Er harrte dort lange Jahre, niedergekauert, unbeweglich, die Augen zum Himmel erhoben. Die Götter selbst neideten ihm diese Weisheit und das Los des Steines. In seinen ausgestreckten steifen Händen nisteten die Schwalben. Doch eines Tages flogen sie fort und folgten dem Ruf ferner Länder. Und er, der in sich Begehren und Wollen, Ruhm und Schmerz getötet hatte, er weinte. So geschieht es auch, daß Blumen dem Felsen entsprießen. Bejahen wir den Stein, wenn es sein muß. Dieses Geheimnis (le secret) und diese Begeisterung, die wir im menschlichen Antlitz erwarten, auch der Stein kann sie uns geben. Freilich, es könnte nicht lange dauern. Doch was hat Dauer? Das Geheimnis der Gesichter verschwindet, und wir werden von neuem in Sehnsüchte verstrickt. Und wenn der Stein nicht mehr für uns vermag als das menschliche Herz, so kann er doch ebensoviel geben.«

Dann fährt Camus fort: »›Nichts sein.‹ Seit Jahrtausenden hat dieser Schrei Millionen von Menschen aufgewühlt im Kampf gegen Begierde und Schmerz ... Das Nichts kann man ebensowenig erreichen wie das Absolute, doch da wir, wie ebenso viele Wunder, in den Rosen und dem menschlichen Leid ewige Zeichen empfangen, verwerfen wir doch nicht die seltenen Aufforderungen zum Schlaf, die die Erde uns gibt. Sie sind, die einen wie die anderen, voller Wahrheit.«[45]

Das Geheimnis des Gesichts und das Geheimnis des Steins können uns berühren. Aber ebensowenig wie das Nichts erreichen wir in ihnen das Transzendent-Absolute, doch wir empfangen Zeichen: die Rosen und das menschliche Leid. Mehr wird nicht gesagt, kann nach Camus auch nicht gesagt werden. Damit drängt sich aber die Frage auf, ob die in den Bildern griechisch-mythischer Auslegung erfahrene und beschriebene Welt als Natur über ihre Schönheit und Mächtigkeit hinaus für Camus nicht noch eine andere, nicht mehr nennbare, nur im Schweigen zu bezeugende Dimension aufweist. Daß es in der Tat so ist, gibt Camus am Ende des Textes »Heimkehr nach Tipasa« von 1953 zu erkennen. Wiederum handelt es sich nicht um die Sprache philosophischer Traktate und Diskurse, sondern um die für

---

45 LE 136f (E 830f).

Camus charakteristische Sprache reflektierender Poesie oder poetischer Reflexion.

»...wir leben für etwas Höheres als die Moral. Könnten wir es nennen, wie groß wäre die Stille! Auf dem Hügel von Sainte-Salsa, im Osten von Tipasa, ist der Abend belebt. Noch ist es hell, doch eine unsichtbare Schwäche des Lichtes kündet das Ende des Tages. Ein Windhauch erhebt sich leicht wie die Nacht, und das wellenlose Meer beginnt in eine Richtung zu fließen wie ein großer unfruchtbarer Strom, von einem Ende des Horizontes zum anderen. Der Himmel dunkelt. Dann beginnt das Geheimnis (le mystère), die Götter der Nacht, das Jenseits der Lust. Doch wie soll man das sagen (traduire)? Die kleine Münze, die ich von hier mitnehme, zeigt auf einer Seite ein schönes Frauenantlitz, das mir wiederholt, was ich an diesem Tage gelernt habe, während ich auf der Rückseite mit den Fingern die abgegriffene Seite betaste. Was sagt mir dieser stumme Mund denn anderes, als was jene geheimnisvolle Stimme in mir verlauten läßt, die mich an meine Unwissenheit und mein Glück mahnt:

›Das Geheimnis (secret), das ich suche, ist in einem Tal mit Olivenbäumen vergraben, unter dem Gras und den kühlen Veilchen, bei einem alten Haus, das nach Weinranken duftet. Während mehr als zwanzig Jahren habe ich dieses Tal durchmessen und jene, die ihm gleichen; ich habe die stummen Ziegenhirten befragt, ich habe an die Tore der unbewohnten Ruinen geklopft. Manchmal, in der Stunde des ersten Sternes im hellen Himmel, unter einem Regen zarten Lichtes, glaubte ich zu wissen. Ich wußte in Wahrheit. Und vielleicht weiß ich immer. Aber niemand will jenes Geheimnis, ich selber ohne Zweifel auch nicht, und ich kann mich doch von meinen Geheimnissen nicht trennen ...‹«[46]

»Das Geheimnis, das ich suche« (»Le secret que je cherche«). Camus bezeugt – im Unterschied zu vielen anderen, die von Geheimnis oder gar Mysterium reden und dann doch alles darüber wissen – das Geheimnis als Geheimnis. Hier stehen wir vor der vielleicht rätselartigen, aber nicht naturalistisch geschlossenen Erfahrung, die das Ja in der Revolte ist, das Ja auch in der metaphysischen Revolte als das religiöse Gefühl unserer Zeit.

---

46 LE 178f (E 875).

Die Wörter »Revolte« und »Geheimnis«, wie sie bei Camus und von ihm her zu deuten sind, stehen nicht beziehungslos nebeneinander. Die Revolte, die *zugleich nein und ja* sagt, umfaßt, genau betrachtet, Protest, Auflehnung, Frage und Klage (als *Revolte im engeren Sinn*) und zugleich, als ihr Ja, dieses (um eine bekannte Formulierung Hölderlins zu variieren[47]) seltsam nahe, schwer zu fassende *Geheimnis* der Welt. Sprechen wir in diesem Sinne von Revolte und Geheimnis als dem Nein und dem Ja, so läßt sich für Camus sagen: Die Revolte ohne das Geheimnis und das Geheimnis ohne die Revolte sind gleichermaßen ahnungslos. Denn letztlich ist das Geheimnis durch die Revolte vermittelt und die Revolte durch das Geheimnis. In gewisser Zuspitzung kann man auch formulieren: Die Expression der Revolte ist der Schrei, die des Geheimnisses das Schweigen. Das sogenannte religiöse Element, sofern man bei Camus davon sprechen kann, eignet beidem: dem Schrei wie dem Schweigen oder anders gesagt, traditioneller und weniger dramatisch, weniger »expressionistisch«: dem Murren und dem Harren[48], dem sich unterschiedlich artikulierenden Aufbegehren und der schweigend-angespanntesten Aufmerksamkeit.

Wie das Schweigen, die Stille ohne den Schrei der Revolte mehrdeutig und quietistisch bleibt, so ist der Schrei ohne die Stille des Geheimnisses zerstörerisch. Diese Gleichzeitigkeit, die keineswegs eine Paradoxie darstellt, sondern die Extreme unserer Expressionsmöglichkeit benennt, die sich uns aufdrängen, wenn wir in Erfahrung und Reflexion konsequent und aufrichtig sind, diese Gleichzeitigkeit ist das, was Camus einer sog. Religionsphilosophie anzubieten hätte.

Abschließend sollen die griechischen Momente der Weltdeutung, für deren Rezeption in unserer Zeit Camus plädiert, gegenüber dem christlichen Erbe und der Denk- und Lebensform der Neuzeit als Korrektiv in Erinnerung und zur Geltung gebracht werden.

Die metaphysische Revolte hat Anknüpfungspunkte bei den Griechen, aber sie ist nach Camus letztlich nur innerhalb der metaphysi-

---

47 Vgl. F. HÖLDERLIN, *Patmos* (Zweite Fassung), 1. Strophe.
48 Vgl. H. R. SCHLETTE, *Religiöse und säkulare Weltdeutung*, in: Säkulare Welt und Reich Gottes, hrsg. v. P. Gordan. Graz/Wien/Köln 1988, 44–46; s. auch ders., *Harren und Murren. Über die Grenze zwischen Philosophie und Religion*, in: ders., Konkrete Humanität, a.a.O. 439–457 (s. oben S. 44, Anm. 37).

schen Struktur der biblisch-personalistischen Gottesvorstellung möglich und führt am Ende, als metaphysische Revolution, zu deren Beseitigung. Die Revolte ist also in der Moderne ein Moment aus der, verkürzt gesprochen, christlichen Überlieferung, obwohl, wie Camus 1954 notiert, mit Lukas der Verrat begann, weil er den verzweifelten Schrei des sterbenden Jesus, den Markus und Matthäus überliefern (vgl. Mk 15,34; Mt 27,46), weggelassen habe.[49] Camus seinerseits gibt, im Unterschied zum Christentum als Religion, die Revolte nicht auf, so daß er im Schlußkapitel von »L'Homme révolté« schreiben kann: »Kaliayew und seine Brüder auf der ganzen Welt verwerfen... die Göttlichkeit, denn sie weisen die unbegrenzte Macht, den Tod zu geben, von sich. Sie erwählen und geben uns damit ein Beispiel, die einzige Richtschnur, die heute originell ist: leben und sterben lernen und, um Mensch zu sein, sich weigern, Gott zu sein.«[50]

Das Geheimnis dagegen, von dem Camus bisweilen wie von einer kostbaren Perle spricht und dann wieder sagt, daß er es sucht, trägt griechische Züge. Es ist das Geheimnis oder aber das Rätsel[51] – *in* der Welt, ja vielleicht sollte man sagen: *als* Welt, *als* Kosmos, und zwar eben so, daß das Geheimnis nicht von außen oder von oben in die Welt hineinkommt, zu der es dann nicht wirklich gehört, sondern die Welt selbst kann als Geheimnis, als Rätsel erfahren werden. Diese Erfahrung vollzieht sich bei Camus in der Tradition des alten Griechenland; sollte es hierfür noch einer Bestätigung bedurft haben, so findet man sie jetzt in seinen Aufzeichnungen während seiner ersten Griechenlandreise vom 26. 4. bis zum 16. 5. 1955[52]. »Augenblick der Vollkommenheit«, notiert er zu Cap Sounion[53]; Delos im Kreis der Kykladen, das ihn besonders stark beeindruckt, erscheint ihm als »das Herz der Welt«, ja als sein »Reich« (»mon royaume«)[54]; immer wieder preist er das Licht, einmal nennt er es »göttlich« (»La lumière

---

49 Vgl. Tgb. II, 180 (C III, 147).
50 MR 247f (E 708).
51 Bezeichnenderweise wurde in der deutschen Übersetzung von »L'Enigme« ebendieses Wort »énigme« sowohl durch »Geheimnis« als auch durch »Rätsel« wiedergegeben, vgl. LE 161 u. 168 (E 861 u. 865).
52 Vgl. Tgb. II, 191–217 (C III, 156–174).
53 Ebd. 196 (159).
54 Ebd. 211f (170).

est divine«)[55]; und zu Mykene bemerkt er: »Es lohnte sich, von weit her zu kommen, um dieses große Stück Ewigkeit zu empfangen« (»ce grand morceau d'éternité«), ja er fügt noch hinzu: »Danach ist alles übrige nicht mehr von Bedeutung.« (»Après cela le reste n'a plus d'importance.«)[56] Dieses Geheimnis ist nicht allein griechisch, es könnte z. B. auch taoistisch sein, aber für Camus ist es eben griechisch, ähnlich wie bei Hölderlin, Nietzsche, René Char, dem späten Heidegger und anderen.

In der Einheit von Revolte und Geheimnis, wie Camus sie mitten in der Moderne erfährt und wie sie sich, ohne ihm Gewalt anzutun, interpretieren läßt, setzt sich der alte Antagonismus von Antike und Christentum auf sehr subtile Weise in unsere Gegenwart hinein fort. Wer die Moderne so versteht, kann, wie Camus es schon 1948 tat, von sich sagen: »ich bin nicht modern.«[57] Rimbauds Satz »Man muß absolut modern sein«, von Adorno zustimmend zitiert[58], könnte nur sehr dialektisch mit Camus versöhnt werden. Eine eindimensionale Modernität von Aufklärung und Rationalismus, die ihre Hintergründigkeit nicht erkennt und ihre Abgründigkeit verdrängt, lehnte Camus jedenfalls ab; sie war für ihn jener Nihilismus, dem er sich immer entgegenstellte aus – wie er in »L'Énigme« schrieb[59] – »instinktiver Treue zu jenem Licht, in dem ich geboren wurde«, d. h. zu dem Licht Algeriens, des Mittelmeers, Griechenlands.[60] Diese griechische Affirmation des Lebens, »bis in das Leiden hinein«[61], ist etwas sehr Zerbrechliches; sie kann leicht kritisiert werden: vom Christentum, von modernen Philosophien aus, auch von Psychologie und Soziologie. Mag sein, daß dies die Schwäche Camus' ausmacht. Camus sagt,

---

55 Ebd. 215 (172).
56 Ebd. 204f (165).
57 Bereits 1948, vgl. Tgb. I, 255 (C II, 240); ähnlich in dem Interview vom 20. 12. 1959: E 1927.
58 Vgl. Th. W. Adorno, *Wozu noch Philosophie?*, in: ders., Eingriffe. Frankfurt 1963, 28.
59 LE 167 (E 865).
60 Hierzu vgl. die Aufzeichnung von Oktober 1937: Tgb. I, 47 (C I, 91).
61 LE 167 (E 865); vgl. den Satz aus »L'Envers et l'endroit«: »Il n'y a pas d'amour de vivre sans désespoir de vivre« (E 44, LE 68), den Camus später wieder aufgenommen und unterstrichen hat (im Vorwort von 1954 zu jener frühen Schrift: E 11 [LE 18]; zur Datierung vgl. E 1180).

zeigt und bezeugt mehr, als er begründet, als man »begründen« kann.

Nachtrag

Was Camus mit dem »sacré« meinte, zu dem er einen Zugang hatte (»sens du sacré«), ist aus seiner Adaptation des »Griechischen« und seinem Sinn für das »Geheimnis« zu interpretieren, keinesfalls aus einer sich von Rudolf Ottos religionshistorischen und -phänomenologischen Überlegungen ergebenden Kennzeichnung des Heiligen als mysterium tremendum und fascinosum und als »Kategorie a priori« (vgl. R. OTTO, *Das Heilige. Über das Irrationale in der Idee des Göttlichen und sein Verhältnis zum Rationalen*. 29.–30. Aufl. München o.J. [zuerst 1917]); andererseits wäre es zu wenig, Camus' Erfahrung als bloße Erfahrung von »Sinn überhaupt« zu verstehen. Vgl. inzwischen die behutsame, das Änigmatische hervorhebende Interpretation von M. WEYEMBERGH, *L'Unité, la totalité et l'énigme ontologique*, in: Albert Camus – Les extrêmes et l'équilibre. Actes du Colloque de Keele, 25–27 mars 1993, hrsg. v. D. H. Walker. Amsterdam/Atlanta, GA 1994, 33–48.

IX

Geben – nicht Hassen

Zu Camus' »letztem Interview«

Wenige Tage vor seinem tragischen Unfalltod am 4. Januar 1960 beantwortete Albert Camus von Lourmarin aus einige Fragen, die die Redaktion einer kleinen anarchistischen Zeitschrift in Argentinien mit dem Titel »Reconstruir« verschiedenen international bekannten Persönlichkeiten vorgelegt hatte. Diese kurzen Antworten, die Camus am 29. Dezember 1959 abschickte[1], sind zu sehr durch die Fragestellung und die für Camus noch offene Zukunft bestimmt, um als sein geistiges Vermächtnis gelesen werden zu können. In einem solchen Vermächtnis hätten zum Beispiel zweifellos einige Sätze über die Kunst gestanden ... Trotzdem darf man sagen, daß Camus diese Antworten in der Stille Lourmarins Wort für Wort bedacht hat und daß gerade ihre Kürze ihnen besonderes Gewicht verleiht.

»Reconstruir«: Sehen Sie in den »Gipfel«-Treffen der Vertreter der Vereinigten Staaten und der Sowjetunion eine Hoffnung bezüglich der Möglichkeit, den »kalten Krieg« und die Aufteilung der Welt in zwei antagonistische Blöcke zu überwinden?

ALBERT CAMUS: Nein, die Macht macht den verrückt, der sie innehat.

R: Haben Sie sich eine Meinung über die Möglichkeit einer »friedlichen Koexistenz« zwischen kapitalistischen und kommunistischen Regimen gebildet?

---

1 Für die Überlassung des französischen Textes, der am 1. Mai 1960 in der Zeitschrift Liberté erschien, danke ich Herrn F. H. Créac'h, Lourmarin. Es handelt sich um eine Rückübersetzung aus dem Spanischen, die inhaltlich jedoch als authentisch anzusehen ist; vgl. H. R. LOTTMAN, *Albert Camus*. Paris 1978, 668 (dt. Hamburg 1986, 559f). – Die deutsche Übersetzung des Interviews ist von Adelheid Müller-Lissner, München.

C: Es gibt heute weder ein rein kapitalistisches noch ein rein kommunistisches Regime. Es gibt Mächte, die koexistieren, weil sie sich Angst einjagen.

R: Glauben Sie für die anderen Länder an die Alternative »Vereinigte Staaten oder Sowjetunion«? Oder räumen Sie die Möglichkeit einer dritten Position ein? Wenn Sie an eine dritte Position glauben, wie kann man sie beschreiben oder definieren?

C: Ich glaube an ein vereintes Europa, das sich auf Lateinamerika und später, wenn der nationalistische Virus seine Kraft verloren hat, auf Asien und Afrika stützt.

R: Halten Sie, auf einer anderen Ebene, die Anstrengungen zur Eroberung des Weltraums für positiv? Halten Sie das Gefühl vieler Leute für rückschrittlich, die meinen, man solle die riesigen Summen, die für Raketen und Satelliten ausgegeben werden, lieber benutzen, um zum Beispiel die chronische Unterernährung in weiten Regionen unseres Planeten zu beseitigen?

C: Die Naturwissenschaft schreitet fort – im Bösen wie im Guten. Man kann nichts daran ändern. Aber das Wenigste, was man sagen könnte, ist, daß man angesichts technisch großartiger und politisch verabscheuungswürdiger Taten weder stolz sein noch sich freuen sollte.

R: Wie sehen Sie die Zukunft der Menschheit? Was müßte man tun, um eine weniger von Not bedrückte und freiere Welt zu erreichen?

C: Geben, wann immer man kann. Und nicht hassen, wenn man es kann.

Die ihm 1959 gestellten Fragen nach der Überwindung des weltpolitischen Dualismus, der Möglichkeit einer »dritten Position«, der Rolle der modernen Technik und nach einer Empfehlung für das zukünftige Leben und Handeln der Menschheit sind heute, 25 Jahre später, noch keineswegs überholt – eine Tatsache, die man als geradezu beängstigend empfinden kann: Offenbar leben wir immer noch unter demselben bedrohlichen Horizont, der seit 1945, d. h. seit den Schocks, die die Monstrositäten des »univers concentrationnaire« (David Rousset) und manches andere uns versetzten, die Lage der Menschheit kennzeichnet – und wahrscheinlich noch auf unabsehbare Zeit kennzeichnen wird.

Was die Möglichkeit der Überwindung des politischen Manichäismus betrifft, so beurteilt Camus diesen Antagonismus als ein Dilemma der *Macht*. Da die »reine Lehre« weder hier noch dort realisiert ist, geht es nach Camus längst nicht mehr um »Ideologie« oder gar um Wahrheit. Der »Besitz der Gewalt«, der, wie kein Geringerer als Kant gesagt hat, das »freie Urteil der Vernunft unvermeidlich verdirbt«[2], hat wahnhafte Zwangsvorstellungen hervorgebracht, die von der Angst voreinander noch verfestigt werden. Macht – das ist nicht irgendetwas »Geistiges«, Philosophisches, sondern das Ensemble aus Ökonomie, Militär, atomarer Technik, offenen und subtilen Formen von Herrschaft. Daß die so gedeutete Macht heute die entscheidende Triebkraft jenes Dualismus ist, das ist zumindest eine Diagnose, für die manches spricht und die von vielen geteilt wird.

Sehr zeitnah wirkt heute (wieder einmal) die Hoffnung auf ein vereintes *Europa*. Camus sieht es in einem besonderen historischen Zusammenhang mit Lateinamerika, doch umfaßt die von ihm anvisierte »dritte Position« auch Asien und Afrika. Hier wird man gewiß zu differenzieren haben, stellt sich doch heute die Frage, ob nicht allenthalben der Dualismus die »dritte Position« von vornherein verhindert oder, wo sie sich zu konsolidieren beginnt, eliminiert (was beides auch für Europa selbst zu gelten scheint). Käme es aber zu jenem Tertium (und wäre der »nationalistische Virus« verschwunden, der zweifellos ein Hindernis für die »Entwicklung« der Welt geworden ist), so könnte es, auch noch von heute aus gesehen, sehr wohl jene umfassende Einheit darstellen, die Camus vorschwebte. Einige Tendenzen weisen in diese Richtung, andere freilich stehen dieser weit vorausblickenden Prognose entgegen. Immerhin ist die Idee einer dritten Position, die die heute sogenannte Dritte (und Vierte) Welt nicht von der Ersten und Zweiten isoliert, sondern zusammen mit Europa als neue Dritte Kraft versteht, nicht reine Phantasterei. In Camus' Sicht ist dieses Dritte eine eigenständige Größe, die dazu beitragen könnte, den wahnhaften und Angst produzierenden dualistischen Machtantagonismus abzubauen.

In der umfangreichen Camus-Literatur fehlt eine spezielle Unter-

---

2 Vgl. I. KANT, *Zum ewigen Frieden* (1795): Kants Werke. Akademie Ausgabe, Bd. VIII (Nachdruck Berlin 1968), 369.

suchung über Camus' Einschätzung von Wissenschaft und Technik[3].
Camus stand dieser Realität unserer Welt mit einer gewissen Selbst-
verständlichkeit gegenüber: Wissenschaft und Technik sind nicht
mehr wegzudenken. Aber er erkannte schon früh die hier liegende
Dialektik. So faßte er 1948 in »L'Exil d'Hélène« die Möglichkeit tota-
ler Zerstörung durch die von menschlicher Maßlosigkeit gesteuerte
Technik ins Auge und erinnerte er an die klassisch-griechische Idee
des Maßes und an Nemesis als die über das Maß wachende, zur Strafe
bereite Göttin.[4]

Aus der Antwort zu diesem Problemkomplex, die er in seinem
letzten Interview gibt, spricht realistischer Pessimismus. Überblicken
wir die Entwicklung der Naturwissenschaften und der Technik, so
besteht trotz aller Warnungen wenig Aussicht, daß man jemals darauf
verzichten wird, zu »machen«, was man wissenschaftlich-technisch
»machen« kann. Das bekannte Argument, daß andere »es« machen,
wenn man es nicht selbst macht, hat eine außerordentlich hohe Effizienz, erst recht, wenn man hier die Verbindung zu der allgemeinen
Macht-Problematik nicht außer acht läßt. Camus erkennt selbstverständlich die schreckliche Gleichzeitigkeit der Größe technischer
Leistungen und des Elends, in dem sich Massen von Menschen, in
erster Linie in der Dritten Welt[5], befinden. Dieser Widerspruch sollte
in der Tat jegliches Selbstbewußtsein und auch jeden primitiven Jubel
ausschließen. Daß wir eher zu Selbstkritik und Sorge Anlaß haben,
dürfte inzwischen jedermann klar sein. Insbesondere ist keineswegs
sicher, sondern eher unwahrscheinlich, daß die wissenschaftlich-technisch mögliche Selbstzerstörung allein mit wissenschaftlich-techni-

---

3 Vgl. im vorliegenden Band S. 72-86.
4 Vgl. E 853–855 (LE 154–158).
5 Was die Frage »Camus und die Dritte Welt« betrifft, so wären Camus' Vertrautheit
   mit der Welt der Araber und Berber (vgl. insbesondere: Fragments d'un combat
   1938–1940. Alger Républicain. Le Soir Républicain, hrsg. v. J. Lévi-Valensi u.
   A. Abbou. [Cahiers Albert Camus 3/1 und 3/2] Paris 1978), seine Eindrücke wäh-
   rend seiner Südamerika-Reise 1949 (vgl. J sowie R), aber auch sein Essay-Band
   »Noces« (1938, dt. »Hochzeit des Lichts«), dessen »africanité« in einem Vortrag von
   Paul Tabet bei dem Camus-Colloque in Grosseto (Mai 1984) aufgezeigt wurde (vgl.
   Bulletin der Société des Etudes Camusiennes Nr. 5, (Sept. 1984, S. 2), und andere
   Texte des näheren zu untersuchen; s. auch im vorliegenden Band S. 81, Anm. 31,
   S. 91, Anm. 15 sowie S. 55, Anm. 65.

schen Mitteln verhindert wird. Wozu wären sonst die zahllosen Appelle an die Verantwortung und die Ethik der Wissenschaft nötig? Doch auch und gerade angesichts dieser Aufrufe behält, wie der bisherige Gang der Dinge belegt, Camus' Pessimismus sein Recht.

Die letzte Frage, die berühmte Frage nach dem, *was* also *zu tun sei*, beantwortet Camus mit einer Sentenz, die ihn nicht nur formal als moralistischen Aphoristiker erweist, sondern die in äußerster Zusammendrängung seine Ethik, ja, wenn man so will, seine Philosophie des Lebens und der Existenz überhaupt zum Ausdruck bringt. »Geben, wann immer man kann. Und nicht hassen, wenn man es kann.« – »Donner, quand on peut. Et ne pas haïr, si l'on peut.« – »Geben« – das ist der moderne Name für Liebe, dieses große, allzu oft malträtierte Wort. »Geben« ist eindeutiger, in seiner phänomenalen Gestik jedermann einsichtig. »Geben« heißt insbesondere nicht »Verkaufen«. Es meint vielmehr, auf allen Ebenen, jene selbstlose Zuwendung, die nicht mehr rechnet, weil sie nicht zuerst an sich selbst denkt, sondern an den anderen, die anderen. »Geben, ohne zu zählen« – an diese, Ignatius von Loyola zugeschriebene Forderung vermag heute noch ein Camus glaubwürdig zu erinnern.

Und auch das Zweite ist eindeutig: »nicht hassen«. Der Haß tötet den anderen und zerfrißt uns selbst. Nicht zu hassen, bedeutet, den Haß zu lassen, eine ruhige brüderliche, man möchte sagen: »menschliche« Einstellung zum Anderen einzunehmen. »Nicht hassen« bedeutet nicht schon »lieben«; es ist weniger als das, und darum auch weniger in Gefahr, zur Phrase zu verkommen. Im Nicht-Hassen klingt etwas von (buddhistischer und taoistischer) Freundlichkeit mit allem Seienden, allem Lebendigen an, eine Haltung, die – zusammen mit dem »Geben« – weniger gefährdet scheint als ein »schöpferischer Haß«, den man, aus naheliegenden Gründen, glaubte verteidigen zu müssen.

Aber Camus verkündet seine Empfehlungen nicht in der Pose eines das Publikum anfeuernden und bedrohenden Predigers oder Rhetors – Verkünder, die in der Regel von einer miserablen, weil naiv-idealistischen Anthropologie ausgehen, deren Behauptung lautet: Ihr könnt, wenn ihr nur wollt. Camus erweist sich auch hier als der subtilere Kenner der Menschen; er sieht die Hindernisse, die den Maximalforderungen entgegenstehen. Wenn man im Maße des Möglichen dem Menschen das Geben und Nicht-Hassen zumutet und empfiehlt, also die Starrheit heteronomer Gesetzlichkeit oder den Rigorismus kantisch begründeter Pflicht beiseite legt, wird man der konkreten Menschenwirklichkeit besser gerecht.

Doch auch wenn die Befolgung noch so schöner Maximen ausbleibt, ist es erforderlich, sie zu wiederholen, um dem zynischen Nihilismus nicht das Feld zu überlassen und um dem erreichbaren Frieden unter Menschen eine Chance zu geben. Geben und nicht hassen, soweit man dazu fähig ist – privat, öffentlich, politisch –, das ist Camus' »Friedenslosung«, die Gegenwart ändert und Zukunft ermöglicht.

Nachwort

»Pour les Grecs, la beauté est au départ. Pour un
Européen, elle est un but, rarement atteint. Je ne
suis pas moderne.« (C ii, 240; Tgb. i, 255)

»Im Mittag des Denkens weist also der Revoltierende die Göttlichkeit zurück, um die gemeinsamen Kämpfe und das gemeinsame Schicksal zu
teilen. Wir werden Ithaka wählen, die treue Erde,
das kühne und nüchterne Denken, die klare Tat,
die Großmütigkeit des Menschen, der weiß. Im
Lichte bleibt die Welt unsere erste und unsere
letzte Liebe. Unsere Brüder atmen unter dem gleichen Himmel wie wir; die Gerechtigkeit lebt.
Dann wird die seltsame Freude geboren, die zu
leben und zu sterben hilft und die auf später zu
verschieben wir uns von nun an weigern werden.«
(MR 248; E 708)

Wäre ich nicht der Meinung, daß vieles bei Camus »gut« ist und
nach wie vor aktuell und bedenkenswert, gäbe es dieses Buch
natürlich nicht. Andererseits ist mir durchaus bekannt, daß manches
bei ihm unscharf ist und anderes vielleicht sogar »falsch« – wenn man
sich denn in der (angeblich) postmodern-pluralistischen Welt überhaupt noch zutrauen darf, zwischen wahr und falsch zu unterscheiden –, wieder anderes »zeitbedingt« und insofern überholt, minde-
stens aber der »Ergänzung« bedürftig. Es war indes nicht meine
Absicht, eine Camus-Kritik vorzulegen, obwohl ich da und dort An-
satzpunkte für diese Kritik angedeutet habe. Vor der näheren Entfaltung der Kritik müßte jedoch klar sein, worum es bei Camus ging,
oder genauer: was der ideengeschichtliche und theoretische Ansatz
seines Werkes ist. Dies deutlicher herauszustellen, war die Absicht,
die mich veranlaßt hat, dieses Buch noch »zu machen«.

Für die, die es hören möchten, füge ich gern hinzu, daß in der
französischen Intellektuellen- und Philosophenszene längst andere

Namen im Vordergrund stehen. Darüber braucht man kein weiteres Wort zu verlieren.[1] Aber trotz einiger methodischer und sachlicher Defizite steht Camus für eine honorige philosophische und politische Position, die sich keineswegs erledigt hat.

Camus hatte einiges erkannt, was er nicht (oder nicht in »philosophisch« angemessener Weise) ausgearbeitet hat und nicht mehr hat ausarbeiten können. Dies war weit mehr als ein »liberaler Humanismus«[2], denn kennzeichnend für ihn war die Option für das, was man in Frankreich »la gauche« nennt[3], und dies wiederum mit besonderer Akzentuierung anarcho-syndikalistischer Ideen[4], sowie die Sensibilität für die Dimension des Geheimnisses, von dem er in diskreten Andeutungen gesprochen hat.

Vor allem aber kommt Camus insofern Bedeutung zu, als er ein altes, schwieriges Problem abermals in das Zentrum der (philosophischen) Aufmerksamkeit gerückt hat, jenes Problem nämlich, das man mit der gebräuchlichen Kurzformel »Antike und Christentum« eher verdeckt als benennt. Was hier zur Debatte steht, ist zwar der philosophischen, theologischen und historischen Wissenschaft wohlvertraut, jedoch sieht es so aus, als sei Camus mehr als andere von dem Konflikt, den jene Kurzformel anzeigt, persönlich tangiert gewesen. Freilich ist sogleich hinzuzufügen, daß eine so vielschichtige Problematik von ihm natürlich nicht hinreichend oder gar erschöpfend erörtert worden ist; es ist indes nicht zu verkennen, daß Camus wesentliche Konsequenzen der Antithese »Antike und Christentum« begriffen und als Frage an seine bzw. unsere Zeit verstanden hat. Es

---

1 Vgl. etwa PH. THODY, *Albert Camus*. Frankfurt/M./Bonn 1968 (englisch: London 1961), 170 u. 237.

2 Vgl. z. B. *Französische Denker der Gegenwart. Zwanzig Porträts*, hrsg. v. J. Altwegg u. A. Schmidt. München 1987. Ich vermisse hier u. a. Emmanuel Lévinas und Paul Ricoeur.

3 Vgl. hierzu Camus' Äußerung bei seinem Gespräch mit ausländischen Studenten in Aix-en-Provence am 14. 12. 1959; s. H. R. SCHLETTE, *Albert Camus – Welt und Revolte*, a.a.O. 138 sowie etwa J. GUÉRIN, *Albert Camus – Portrait de l'artiste en citoyen*. Paris 1993, 118–123.

4 Vgl. etwa F. H. WILLHOITE JR., *Beyond Nihilism. Albert Camus' Contribution to Political Thought*, a.a.O. 178–184; H. WERNICKE, *Albert Camus. Aufklärer – Skeptiker – Sozialist*, a.a.O. 179–196 und namentlich die Arbeit von T. VERTONE, L'Œuvre et l'action d'Albert Camus dans la mouvance de la tradition libertaire. Lyon 1985; s. auch oben S. 32, Anm. 5.

scheint, daß viele aufgrund »moderner« Philosophie, Psychologie bzw. Psychoanalyse, Soziologie, Politikwissenschaft usw. sich des Themas »Antike und Christentum« enthoben fühlen; daß es aber keineswegs obsolet ist, ja daß es in einer für den ersten Blick vielleicht unerkennbaren Weise dringlicher denn je wiederkehrt – man denke etwa an den Niedergang des Christentums, die Wiederkehr des Respekts vor dem (bedrohten) Kosmos, die Thesen vom »Ende der Geschichte«, die Unsicherheiten in bezug auf die Vorstellung einer »Schuld vor Gott«, die Appelle im Namen eines undeutlich bleibenden Begriffs der »Verantwortung« und vieles andere –, kann man sich von Camus mit besonderem Nachdruck erneut sagen lassen.[5]

Nicht zuletzt kann uns Camus vor die Frage bringen, ob und inwieweit heute die »Wende« von den »Griechen« zu den »Christen«[6] ein Beispiel interkultureller »Begegnung« sein kann, da doch der auf der historischen Ebene (zunächst) erfolgreiche »Partner« überwiegend aufgrund von Politik und Gewalt gesiegt hat und nicht etwa (wie Christen oft meinen) aufgrund der besseren Einsicht oder Argumente. Daß eine solche Fragestellung für das (Selbst-)Verständnis des gegenwärtigen Europa von grundlegender Bedeutung ist, dürfte nicht zweifelhaft sein.[7] Somit liegt die Herausforderung, die immer noch von Camus ausgeht, weniger in den viel und vielleicht schon zu oft diskutierten Stichworten »Absurdität« und »Revolte« als vielmehr in der geschichts- und kulturphilosophischen Tragweite seiner erneuten Thematisierung des Verhältnisses von Antike und Christentum – bis hin zu den Säkularisaten des Griechischen wie des Christlichen: »Pour Marx, la nature est ce qu'on subjugue pour obéir à l'histoire,

---

5 S. neuerdings J. HABERMAS, Israel und Athen oder: Wem gehört die anamnetische Vernunft? Zur Einheit in der multikulturellen Vielfalt, in: Diagnosen zur Zeit. (Ohne Hrsg.) Düsseldorf (Patmos) 1994, 51–64.

6 Vgl. Tgb. I, 309 (C II, 342); s. auch Tgb. I, 251, 306, 308 (C II, 233, 336, 340) sowie S. 105, Anm. I u. 2.

7 Hat z. B. »das Christentum« inzwischen eingesehen, daß seine »Begegnung« mit »anderen« Religionen und Kulturen nicht mehr so geschehen darf, wie sie seinerzeit verlaufen ist? Und wenn ja – würde aus einer solchen Einsicht nicht auch die Folgerung zu ziehen sein, daß von einer Art »Theologie Europas«, gen. obj., Abschied zu nehmen ist, d. h. von jener als providentiell legitimiert geltenden Dominanz Europas (deren Folgen allenthalben zu erkennen sind)?

pour Nietzsche ce à quoi on obéit, pour subjuguer l'histoire. C'est la différence du chrétien au Grec.«[8]

Ohne Sensibilität für Zusammenhänge dieser Art bleibt auch das scheinbar modernste europäische Denken kurzsichtig und trotz vielen Scharfsinns – um die Sprache der Lichtmetaphorik zu verwenden – unaufgeklärt.

8 E 488 (MR 67).

Anhang

Abkürzungen

TRN	Théâtre, Récits, Nouvelles. (Bibliothèque de la Pléiade) Hrsg. v. R. Quilliot. Paris (Gallimard) 1962
E	Essais. (Bibliothèque de la Pléiade) Hrsg. v. J. Quilliot u. L. Faucon. Paris (Gallimard) 1965
C I	Carnets mai 1935 – février 1942. Paris (Gallimard) 1962
C II	Carnets janvier 1942 – mars 1951. Paris (Gallimard) 1964
C III	Carnets mars 1951 – décembre 1959. Paris (Gallimard) 1989
F	Fragen der Zeit. Übers. v. G. G. Meister. Reinbek (Rowohlt) 1960
J	Journaux de voyage. Paris (Gallimard) 1978
LE	Literarische Essays. Hamburg (Rowohlt) o. J. (1959?) Der Band enthält: Licht und Schatten (L'Envers et l'endroit). Übers. v. G. G. Meister Hochzeit des Lichts (Noces). Übers. v. P. Gan Heimkehr nach Tipasa (Été). Übers. v. M. Lang
MR	Der Mensch in der Revolte. (rororo 1216–17) Übers. v. J. Streller, neu bearbeitet von G. Schlocker unter Mitarbeit v. F. Bondy. Reinbek (Rowohlt) 1969
MS	Der Mythos von Sisyphos. Ein Versuch über das Absurde. (rororo/rde 90) Übers. v. H. G. Brenner u. W. Rasch. Hamburg (Rowohlt) 1959
R	Reisetagebücher. Übers. v. G. G. Meister. Reinbek (Rowohlt) 1980
Tgb. I	Tagebücher 1935–1951. (rororo 1474) Übers. v. G. G. Meister. Reinbek (Rowohlt) 1972
Tgb. II	Tagebuch März 1951 – Dezember 1959. (rororo 13323) Übers. v. G. G. Meister. Reinbek (Rowohlt) 1993

Nachweise

I. Bemerkungen zur Rezeption der politischen Ideen Camus' in
der Bundesrepublik
Deutsche Erstveröffentlichung. Französisch: Remarques sur la
réception des idées politiques de Camus en RFA, in: Camus et
la politique. Actes du colloque de Nanterre 5–7 juin 1985, hrsg.
v. J. Guérin. Paris (L'Harmattan) 1986, 61–67 (übers. v. M. Yadel).

II. Geschichtsphilosophie und politische Philosophie in
»L'Homme révolté«
In: H. R. Schlette/M. Yadel, Albert Camus: L'Homme révolté.
Einführung und Register. Essen (Die Blaue Eule) 1987, 9–41.

III. »La Russie sera belle«. Zu Camus' Drama »Les Justes«
In: Theologie zwischen Zeiten und Kontinenten. Für Elisabeth
Gössmann, hrsg. v. Th. Schneider u. H. Schüngel-Straumann.
Freiburg/Basel/Wien (Herder) 1993, 211–222.

IV. Zur Kritik der Technik
Erstveröffentlichung. Vortrag bei dem Colloque »Albert Camus
et l'Europe« in Strasbourg, 9.–10. November 1990. (Die »actes
du colloque« blieben leider ungedruckt.)

V. Zur Interpretation der Natur
In: Die Gegenwart des Absurden. Studien zu Albert Camus,
hrsg. v. A. Pieper (Basler Studien zur Philosophie, Bd. 3). Tü-
bingen/Basel 1994, 87–102. (Der Band enthält die Vorträge
einer Tagung der Rabanus-Maurus-Akademie, Wiesbaden-
Naurod, 1992.)

VI. Camus und »die Griechen«. Zum Europa-Bild in »L'Homme révolté«
In: Ich revoltiere, also sind wir. Albert Camus – 40 Jahre »Der Mensch in der Revolte«. Dokumentation der gemeinsamen Tagung der Evangelischen Akademie Berlin-Brandenburg mit dem Zentralinstitut für Literaturgeschichte und dem Französischen Kulturzentrum, 15.–16. Juni 1991, Berlin-Weißensee, hrsg. v. B. Sändig u. R. Graupner, S. 103–117; auch in: Orientierung (Zürich) 55 (1991) 152–158.

VII. Camus und die Hoffnung
Deutsche Erstveröffentlichung. Französisch: Camus et l'espoir, in: Albert Camus – une pensée, une œuvre. Colloque de Lourmarin 1ᵉʳ–10 août 1985. Cadenet-Lourmarin 1986, 111–120 (übers. v. M. Yadel).

VIII. Revolte und Geheimnis (secret/mystère)
In: »Helenas Exil«. Albert Camus als Anwalt des Griechischen in der Moderne, hrsg. v. H. R. Schlette u. F. J. Klehr. (Hohenheimer Protokolle, Bd. 36, Akademie der Diözese Rottenburg-Stuttgart). Stuttgart 1991, 99–119; ausführlicher in: Testimonianza religiosa e forme espressive, hrsg. v. A. Babolin. (Religione e Filosofia, Bd. 27) Perugia (Benucci) 1989, 203–230.

IX. Geben – nicht Hassen. Zu Camus' »letztem Interview«
In: Orientierung (Zürich) 48 (1984) 266–268.

Personenregister